青少年旋转推铅球、掷铁饼项目训练指导手册

中国田径协会　编

人民体育出版社

图书在版编目（CIP）数据

青少年旋转推铅球、掷铁饼项目训练指导手册 / 中国田径协会编. -- 北京：人民体育出版社，2021（2024.6 重印）

ISBN 978-7-5009-6077-5

Ⅰ.①青… Ⅱ.①中… Ⅲ.①铅球投掷－青少年读物 ②铁饼投掷－青少年读物 Ⅳ.①G824-49

中国版本图书馆 CIP 数据核字（2021）第 183664 号

*

人民体育出版社出版发行

北京中科印刷有限公司印刷

新　华　书　店　经　销

*

710×1000　16 开本　8.25 印张　142 千字

2021 年 12 月第 1 版　2024 年 6 月第 2 次印刷

印数：5,001—6,500 册

*

ISBN 978-7-5009-6077-5

定价：45.00 元

社址：北京市东城区体育馆路 8 号（天坛公园东门）

电话：67151482（发行部）　　邮编：100061

传真：67151483　　邮购：67118491

网址：www.psphpress.com

（购买本社图书，如遇有缺损页可与邮购部联系）

编委会

主　　编： 蔡　勇

副 主 编： 王　楠　隋拥军　田晓君

责任主编： 陈　雷　阚福林

编写组成员： 王保成　王卫国　马　屹　张英波　隋新梅
朱俊芳　李维宾　杨俊伟　肖艳玲　张景龙
陈　栋　董加伟　甄文华　熊　瑛　赵　冉

序一

阚福林

“更快、更高、更强——更团结”的奥林匹克格言，充分表达了人们不畏艰险、不断进取的奋斗精神和拼搏精神。在田径运动中，人们为了把铅球投得更远，一直在探索如何使投掷的技术更加合理。从推铅球技术的演变过程可以清晰地看出，随着竞技水平不断提高和科学技术高速发展，推铅球技术现在也发展到一个新的高度。

目前，旋转推铅球技术经过不断的探索和磨炼越来越趋于完善，越来越显示出优势。在近年来的世界大赛上，旋转推铅球技术在获得优异成绩方面，男子项目已经占据绝对的优势，女子项目虽然起步较晚，但是也显示出快速发展动向。

在使用本书的旋转推铅球部分时，有以下四点建议：

其一，运动技术是由人来实现的，人作为一个活的生命体，生来具有很多本能，在运动解剖学和生理学中已经把这类问题讲解得非常清楚，如人体神经特点、肌肉特点、运动特点，以及姿势反射（状态反射、翻正反射）、神经肌肉的牵张反射、维持身体平衡的机能等。我们在旋转推铅球技术教学训练过程中，假如能让这些生理特点获得比较充分的体现，将会减小运动员学习和掌握运动技能的难度，加快学习和掌握运动技能的速度。

其二，运动实践已经证明，青少年运动员能够学习和掌握非常复杂的运动技能，他们在学习和掌握技术动作方面进度可以非常快，从初学到比较熟练地掌握全程技术不用花费很长时间。运动员一旦掌握了完整技术动作，就可以进入技术逐步完善阶段，我们需要注意的是，运动员技术与身体素质二者相互促进、均衡发展。

其三，每个人都是一个独特的个体，想要把运动员所具备的能力发挥得淋漓尽致，每个运动员必然会显示出不同的技术特点。在运动员训练过程中，清楚认识运动员的特长不是一件容易的事情，发展运动员的特长更不容易，需要下很大的功夫。青少年运动员在学习和掌握技术过程中，如何能逐步显示并发挥个人的特长，是值得引起重视的问题。作为一名教练员应该了解并熟知旋转推铅球的多种类型的技术，这样可使自己的思路更加开阔，教学方法更加丰富，在遵循投掷技术基本原理的基础上，力争使运动员的特长得到充分发挥。

其四，人体的发育和成长是一个渐变的过程，运动素质的发展也是一个渐变的过程。根据青少年生理特点，抓住素质发展敏感期来进行训练会使运动员顺利成长，应避免过度突出某些素质训练而忽视全面发展。

基础知识是支撑。在运动实践中，教练员更多看到的是运动员的表象，内在因素的变化需要我们去认识和理解，这都需要基础知识作支撑。基础知识是行为的指导，深入学习、认识和理解基础知识会使我们更清楚地看到训练内在因素之间的关系，会使我们在实践中产生诸多的教学方法，提高工作的效率。

本书旋转推铅球部分对基础知识内容的介绍有很多，以下几点希望能引起关注：

技术训练意义中对技术训练的认识，符合我国田径投掷优势项目训练中“技术领先”的理念，希望大家能深入理解。教练员应重视青少年运动员全面发展，这是运动员健康成长和未来向高水平成绩冲击所应具备的条件。一个优秀的铅球运动员需掌握多种运动技能，主要身体素质达到较高水平，专项成绩优异。

有基础知识的武装，我们在提高训练效果的途径和方法方面就会更加灵活有效。旋转推铅球对于灵敏素质有很高的要求，虽然目前对灵敏素质还没有一个非常精准定量的测试标准，但其在学习和掌握技术、提高训练水平方面起到非常重要的作用。我们应该加深对灵敏素质的理解和认识，并将其贯穿于具体训练中。

掌握先进的旋转推铅球技术。学习—掌握—完善技术的过程中，技术动作规范、完整技术速度节奏掌控和肌肉用力特点是三个重点内容，本书旋转推铅球部分对旋转推铅球的技术要领进行了比较详尽的说明，便于我们学习、认识和理解旋转推铅球完整技术及训练中要掌握的方法和要求。

任何训练效果都需要通过实践来体现。本书旋转推铅球部分介绍了大量技术辅助练习手段和素质训练常用手段，其中很多手段是优秀运动员经过多年训练实践检验确认为行之有效的。在具体手段的训练过程中，重要的是要求，同样的练习手段，要求不一样，效果就不一样，严格的要求才能使我们获得更好的训练效果。建议训练手段与技术紧密结合，长期坚持将会起到提高训练整体效果的作用。

本书旋转推铅球部分所介绍的训练手段、方法和要求为我们指引了方向，在具体训练过程中要举一反三，根据不同的条件、环境和运动员的具体情况，创造性地发明一些切合实际的训练手段。

序二

张景龙

掷铁饼是一项古老传统的运动项目，是古代奥运会与现代奥运会都有的正式比赛项目，是力与美的象征，深受人们喜爱。

中国几代铁饼人，坚持“西为中用”的理念，在借鉴欧美运动员优点的同时，从我国运动员的实际情况出发，扬长避短，坚持走中国特色运动员的发展道路，不与欧美运动员比力量、比身高、比体重，充分发挥我国运动员快、灵、巧的技术特点，结合合理的技术动作。通过多年的努力，教练员们用勤劳和智慧，培养出一批又一批活跃在国际大赛上的优秀铁饼运动员，铸就了一个又一个亚洲冠军和世界冠军。

优秀铁饼运动员的成长过程是漫长的，其中最重要的莫过于青少年训练阶段，这一阶段是培养高水平运动员的重要时期，因此必须重视运动员青少年阶段的教育和培养。通过几十年来经验的积累和总结，探索出一条重视青少年运动员教育、训练、培养的成型路子，促进铁饼运动项目持续发展。

教练员是运动员的楷模，德才兼备、知识全面的教练员能够广泛、准确地为运动员提供大量的训练信息、技术信息和赛事信息。及时传授正确的基础知识、理论知识、技术知识，以及训练方法和手段。使运动员充分地了解和熟悉自己该做什么、适合什么、选择什么。尽量避免采用手把手的教学方法，避免早期专项化训练手段，避免最大力量训练安排。坚持循序渐进、启发引导、全面发展身体素质、夯实技术基本功的训练原则。

运动员是训练的主体，要培养他们尊师重教、品学兼优、服从指导的优秀品质，帮助他们养成认真刻苦学习和训练、认真研究自己的习惯，使他们正确理解训练中所发生的心理和生理变化，善于调节自己的训练体会和感觉，不断提高训练能力，从而达到提高技能水平的目的。

在编写本书掷铁饼部分的过程中，我们始终遵循突出前瞻性、实用性、指导性和系统性的原则，力争为业余体育学校及基层体校的教练员和运动员提供一本较好的参考书或工具书，更好地帮助大家打好全面基础，提高青少年铁饼运动员的训练水平。

本书掷铁饼部分主要适用于14~18岁的青少年运动员（12~13岁是兴趣爱好的培养阶段），对在掷铁饼运动过程中遇到的问题及解决方法，提出指导性建议。本书共分为四部分：一、掷铁饼基本知识；二、掷铁饼技术分析；三、铁饼运动员身体和专项素质训练手段；四、掷铁饼技术辅助练习。书中附有优秀运动员技术图谱，内容丰富，图文并茂，简单实用。

本书掷铁饼部分编写团队由优秀运动员、优秀教练员、博士、教授组成，团队将坚实的理论知识、丰富的训练经验、独特的训练方法与先进的技术资料汇聚一册，力图以通俗易懂的方式呈现给广大教练员和运动员。

目前的训练和教学方法、技术手段发展较快，再加上运动员的个体特点不同，在编写和统稿过程中虽经努力，但由于不同作者在经验和行文风格方面的差别，以及限于知识水平和经验的不足，缺点和错误在所难免，望同仁在使用时不吝赐教，提出宝贵建议，以期再版时补充。在掷铁饼部分编写过程中，笔者参阅了大量的资料，在此特别感谢各位专家、教授提供的信息和资料，特别感谢上级领导的大力支持。

目 录

CONTENTS

旋转推铅球

一、青少年运动员旋转推铅球技术训练和身体训练基础知识

王卫国　王保成

训练理论与训练理念是运动训练的基础，是教练员训练指导思想与训练设计的依据。技术训练和身体训练的理论与方法知识是运动训练理论最重要、最关键的部分，教练员必须深刻理解并根据训练对象、训练阶段创新应用。

（一）技术训练相关基础知识

1. 技术训练意义

通过对青少年旋转推铅球运动员的技术训练可以最大限度地发挥人体运动潜能和专项技术优势。专项技术训练水平是决定青少年旋转推铅球运动员比赛竞技成绩的主要因素之一。它对专项动作的稳定性、专项能力的稳定发挥和比赛运动心理都有直接的影响。

在青少年旋转推铅球运动员的训练系统中，专项技术训练不仅是完善专项技术动作的训练过程，也是提高专项能力的最佳途径。每一次技术动作的完成都是运动员全身运动系统协调、配合用力的整合过程，它对参与动作的肌群工作效能有直接提高的作用。因此，青少年旋转推铅球运动员通过专项技术训练可以提高并充分发挥自身的专项力量、身体灵敏性和运动协调机能，为最后用力专项速度和专项运动成绩的提高直接服务。

因此，从事青少年旋转推铅球项目训练的教练员应从思想上重视专项技术训练。在实际训练过程中，应深入研究旋转推铅球技术特征，遵循青少年运动员专项技术形成规律，结合运动员实际，合理、有效地安排专项技术训练过程，使青少年旋转推铅球运动员的专项训练水平持续不断提高。

2. 技术训练与身体训练的关系

青少年旋转推铅球运动员的专项技术训练和身体训练是其训练过程中最紧密结合的两大训练内容。铅球的飞行远度取决于运动员在遵循比赛规则的前提下，充分发挥出身体潜在能力的专项技术动作的合理性和有效性。专项技术训练水平的提高过程除取决于其本身训练过程的合理性外，还取决于专项身体训练水平。专项身体素质水平的提高除了依赖专项技术训练的合理负荷和选择结合专项特点的练习手段外，还依赖合理发展的一般身体训练水平。

由此可见，为青少年旋转推铅球运动员奠定专项技术基础尤为重要。因为，它不但直接影响专项训练的效能，而且影响专项身体训练水平的提高，最终影响比赛成绩的稳定性。在多年训练系统中，从训练任务的确定到各项训练内容比重的选择，要以专项技术训练为核心。身体训练的内容应围绕提高专项技术训练水平这一基本任务展开。

另外，青少年旋转推铅球运动员专项技术处于学习阶段，教练员还应重视其平衡能力、空间感知能力、协调能力、动作速度能力和速度力量能力的培养，为未来即将实施的高负荷、精细化专项技术训练打好扎实的身体训练基础。

3. 常用技术训练方法及注意事项

(1) 常用技术训练方法

青少年旋转推铅球运动员常用的技术训练方法有语言法和直观法、分解法和完整法、减难法和加难法等。

①语言法和直观法

语言法主要通过讲解和提示两种手段实施。讲解在运动员处于静态时进行，用生动、简练的语言描述动作过程、动作要领、动作要求及注意事项等。提示在运动员处于动态时进行，用概括性的语言帮助运动员表现关键动作或引导运动员避免错误动作。

运用语言法和直观法时应注意以下问题：

a. 在讲解技术结构和技术要领时，应尽量结合示范、图解或视频给予运动员生动的正确技术动作形象。

b. 讲解简练，突出重点。对初学者着重讲解动作结构，而对处于提高阶段的运动员应突出讲解关键技术和技术要求。

c. 由于提示在动态中进行，提示的时间决定了提示的效果。因为人体接收外界信号后作出反应的时间约 0.3 秒，所以提示应提前约 0.3 秒。

d. 示范不但要注意示范面，还要注意队员的观摩距离。

② 分解法和完整法

分解法是将完整技术分割成若干个技术环节分别学习，一般在初学阶段使用。其分解练习手段有握法练习、持球练习；原地投预备姿势练习、原地投练习；旋转预备姿势练习；预摆练习；单支撑摆腿练习；旋转接最后用力衔接动作练习；正面旋转练习和背向旋转练习等。完整法一般在运动员已初步建立完整技术概念，基本学会分解技术动作后使用。其练习手段有正向旋转推铅球练习、侧向旋转推铅球练习、背向旋转推铅球练习等。

运用分解法和完整法时应注意以下问题：

a. 对于比较复杂的完整背向旋转推铅球技术动作，可采用先分解后完整的练习。采用此方法必须注意不要破坏动作的完整性，即动作阶段的划分应以不影响技术动作的结构特点和不破坏动作各部分的有机联系为准则。

b. 初学者善于模仿，对于不很复杂的原地投动作，可先用完整练习体会整体动作结构，然后用分解练习强化动作细节。

c. 随着专项技术水平的提高，为了达到提高专项能力的目的，带有一定负荷的分解练习所占比例相应大一些。此时，运动员具有高度的分化抑制，对技术动作各个环节的概念也十分清楚，一般不会因分解练习而影响技术动作的完整性。

d. “先分解后完整”或“先完整后分解”都不是固定的学习、训练程序。教练员应根据技术动作的难度、结构（组成环节的多少），以及运动员年龄和心理特征等来确定适宜的练习方法。

③减难法和加难法

减难法指在专项技术训练中，以低于专项要求的难度进行训练的方法。如采用模仿练习、投轻球练习、正面旋转投练习等。此种方法常用于技术初学阶段。加难法指在专项技术训练中，以高于专项要求的难度进行训练的方法。如重球练习、连续旋转练习等。此种方法一般在巩固技术动作或提高专项能力阶段使用。

选择专项技术训练方法应注意以下问题：

a. 明确的目的性和针对性。技术训练的不同阶段要达到的目的和所要解决的任务是不同的，因此选择技术训练方法应具有较强的目的性和针对性，即要“有的放矢”。

b. 多层面的综合性。为完成某一技术训练任务，可采用多种训练方法进行综合训练；或采用一种技术训练方法同时解决几项训练任务，以提高训练效益。

c. 常用方法与特殊方法相结合。各项目均可采用的方法称为常用方法；各项目专用的训练方法，以及针对需要解决的特殊问题而专门设计或采用的方法称为特殊方法。如借助辅助练习器械，附加一定的负荷条件，巩固关键技术和提高专项能力的练习方法就是特殊方法。

4. 技术训练操作注意事项

①在训练课中，应将专项技术训练内容安排在身体状态较好的时间段进行。那些难度较大、对身体素质要求较高的技术训练内容更应注意这一要求。

②在安排技术训练的负荷量度时，应注意在分解技术训练中量相对较大，强度相对较小，而在完整技术训练中量相对较小，强度相对较大。

③在技术训练中要考虑运动员的个人特点，因人而异地采用针对性较强的训练方法和手段。特别是在技术训练的自动化阶段，不应按照一成不变的技术模式进行训练，允许运动员的技术动作不完全符合技术模式的规范要求。虽然和规范技术不完全一致，但这些技术动作对该运动员来说可能是合理的。应注意技术训练的个体化，建立个体技术模式。

④在安排训练课的内容和进度时，要根据不同技术环节的相互关系，确定最佳的练习顺序。

5. 改进和提高旋转推铅球完整技术可遵循的途径

（1）提高助跑速度利用率

20 世纪 90 年代后期，一大批优秀铅球运动员从技术上改进了旋转技术，特别是旋转时的躯干姿态，以及旋转接最后用力技术，从而很好地解决了旋转速度利用率这一旋转推铅球技术的关键问题。

(2) 减少旋转与最后用力衔接环节和最后用力环节的动作速度损耗

旋转与最后用力衔接环节和最后用力环节速度损耗是决定铅球飞行远度的主要因素之一。但是决定旋转—衔接—最后用力环节速度损耗率的各技术环节平均速度累加值和多余动作平均速度累加值两大指标参数是很难获取的。这就要求教练员在技术训练中全方位地观察运动员的动作表现，认真分析动作效果，尽量消除多余的动作环节。

降低多余动作平均速度累加值，即降低与推铅球方向不一致的和不该用力时机用力的动作平均速度的累加值。同时，增加各技术环节平均速度累加值，特别是要增加参与最后用力的各技术环节平均速度的累加值。通过此途径的改进，使青少年旋转铅球运动员具有“简洁流畅、加速合理、放松协调、简单实效”的专项技术特点。

(3) 增加工作距离

① 增加完整技术工作距离

铅球飞行的距离很大程度上是由运动员作用于铅球的功率决定的。运动员通过在最短作用时间内，在最长的作用距离上对铅球施以最大的作用力以获得最大功率，使铅球飞得更远。目前，增加完整技术工作距离这一技术发展趋势仍然存在，国内外优秀铅球运动员在身高不变的条件下努力通过完善专项技术来达到提高完整技术工作距离的目的。

②增加环节技术工作距离

通过增加环节技术工作距离，特别是关键技术环节工作距离达到提高推球效果是国内外优秀铅球运动员的又一显著特点。这一特点显示高水平运动员与低水平运动员在同样的完整技术工作距离上存在明显的推球效果差异。

优秀旋转推铅球运动员的每一个技术环节都是按一定顺序充分用力，也就是完整技术是以各环节“串联”的形式连接而成。这种“串联”形式能充分发挥主动肌的工作效能，从而使参与推铅球工作肌群的工作距离得以增加。虽然低水平运动员的铅球运行也能达到较长的距离，但由于每一个技术环节都以“并联”的形式连接，造成由于环节用力不充分，各参与工作肌群的效能不能有效累加，无法达到持续加速用力的动作要求。

增加各技术环节用力工作距离产生的单个效应不但使各技术环节肌群作用力累加值有所提高，更重要的是，由于前一个技术环节的充分用力为下一个技术环节的用力创造了良好的条件，从而提高了推球的整体效应。

（4）提高完整技术动作协调性

①提高主动肌、被动肌的协同工作能力

某些优秀旋转推铅球运动员的一般身体素质，特别是基础力量素质水平并不高，却能表现出很好的专项成绩，其主要原因有两点，其一是这些优秀运动员具有很高的专项技术训练水平，其二是他们具备了高级神经-肌肉控制能力，使其主动肌和被动肌的协同工作能力得到显著提高。

主动肌和被动肌协同工作能力不仅能提高肌群用力的实效性，而且有助于运动员表现出完美的专项技术动作。所以，肌群协同工作能力是表现技术动作实效性和合理性的基本条件，也是目前优秀旋转铅球运动员所反映出的一种技术特点。

②提高完整技术动作的连贯性

优秀旋转铅球运动员不仅在完整技术的各环节动作结构的连接上，而且在各环节动作节奏的连接上也反映出连贯性的专项技术特征。

就完整技术动作结构而言，优秀旋转推铅球运动员特别强调髋腰环节的枢纽功能，通过蓄放兼顾的髋腰动作，有效地把下肢与躯干动作连成一体，同时又不断强化动作环节的细节动作之间的相互连接。

就完整技术动作节奏而言，优秀旋转推铅球运动员表现出极强的加速用力技术特征。同时，对细节动作节奏严格控制，以便获得流畅和舒展的动作效果。

提高完整技术动作连贯性是优秀旋转推铅球运动员永不停止的追求，特别是在保持高水平竞技能力阶段必然通过提高完整技术动作的连贯性这一途径来争得自己在大赛中的一席之地。

（5）个体化

①建立符合个人形态学特点的专项技术

每个运动员不管是身高、体重，还是上下肢比例、躯干长度等，都有自己的特点，根据自己的形态特点设计推铅球技术动作是目前优秀铅球运动员技术发展的趋势。

②建立符合个人运动学特点的专项技术

建立个体化推球技术除考虑个体形态特点外，更应建立在个人运动学特点的基础上。因为，外在的形态特征必须通过内在的运动学特点来表现个体的运动潜能。另外，不可否认，竞技是比运动员优势素质的一项活动。因此，根据个体运动学特点设计推铅球专项技术动作，或修正某一环节的细节动作是青少年旋转推铅球运动员不断提高其训练水平的有效途径。

我国铅球运动员身高、体重和力量水平不如欧美运动员，但在灵巧性和动作速度上不输给国外优秀选手。因此，根据我国铅球运动员重心低、平衡能力强和灵活、速度感强的特点，以旋转推铅球技术为突破口，建立具有我国铅球运动员个人技术风格的旋转推铅球技术是目前摆在我国每位从事铅球训练和研究工作的教练员、科研人员面前的重大课题。只有这样，才能避免运动员的个体化技术偏离运动生物力学的原理与要求。

（二）身体训练相关基础知识

1. 身体训练意义

身体训练是青少年旋转推铅球运动员的重要训练内容之一。运动员身体训练水平的高低，对掌握、提高、运用技术起着重要的作用。现代运动训练的特点是负荷大，而大负荷的训练只有在运动员具有很高的身体训练水平的条件下才能进行，才能保证运动员逐步承受更大负荷。在当今的重大比赛中，还要求运动员具备良好的心理状态，而高度发展的身体训练水平可保障运动员形成稳定的心理状态。另外，合理、有效的身体训练可以防止损伤，延长运动寿命，特别是对促进青少年旋转推铅球运动员的正常发育和打好体能基础有非常重要的意义。

2. 安排一般身体训练与专项身体训练应注意的问题

一般身体训练，是指在运动训练中采用多种多样的身体练习方法，促进运动员的健康，提高运动员各器官系统的机能水平，全面发展运动素质和改造运动员身体形态的训练。专项身体训练，是指在运动训练中采用专门性身体练习和与提高专项运动成绩有直接关系的各种身体练习的训练。

（1）合理安排一般身体训练和专项身体训练

一般身体训练的安排要全面地发展运动员的力量、耐力、速度、灵敏和柔韧等运动素质，提高运动员身体各系统的机能，使运动员身体各个部位得到匀称发展。

通过全面的一般身体训练，可使运动员的身体形态、机体机能和运动素质得到全面发展与提高，为提高专项运动所需要的身体能力打下基础，可对专项运动素质的良好发展和专项运动技能的掌握与提高起到促进作用。

（2）身体训练与专项技术训练结合

身体训练与专项技术训练的紧密结合一方面可以提高运动员的专项身体训练水平，另一方面可使专项技术得到巩固与提高。

身体训练与专项技术训练不仅要从技术动作表现的形式上结合，还应从与运动学和生物力学等特征是否具有一致性方面来考虑采用的训练方法和手段。有些动作从外形的技术结构上，或从参加工作的身体部位上看与专项动作很相似。但是，用运动学和生物力学的观点来评定，却与专项动作要求有较大差异。

（3）训练因时、因人而异

身体训练在运动训练中所占的比重，以及一般身体训练与专项身体训练的比例的确定，要因时、因人而异，做到从实际出发。

① 因时而异：身体训练在全年训练的基础训练阶段占比较大，竞赛阶段占比相对减少。基础训练阶段的前期比后期大，而且侧重于一般身体训练，后期应相应地加大专项身体训练的比例。竞赛阶段侧重于专项身体训练。

② 因人而异：运动员之间身体情况是不相同的，有的甚至相差较大，对专项技术掌握的情况不一样，年龄有差异，训练年限和日训练时间不一样，所以身体训练的比例也不相同。

3. 常用身体训练方法、手段选用的原则

（1）着眼大局观原则

选用身体训练方法、手段必须符合该运动员整个训练系统和阶段训练任务的

要求。

(2) 发挥个人特点原则

要全面发展，更要有个人特色。不同身体条件的运动员必须以充分发挥其本身优势素质为原则确定各项身体素质发展的轻重缓急和选择合理的身体训练方法、手段。

(3) 符合肌肉工作性质原则

以不同肌群在完整技术中的原动、对抗、被动、协同等工作性质来确定不同肌群的训练负荷强度和选择有针对性的身体训练方法、手段。

(4) 符合多样性原则

训练方法、手段的选择必须多样，采用不同练习结构、不同练习部位、不同动作幅度、不同练习方向等来避免方法、手段的枯燥乏味，最主要的是使全身机体协同发展和避免劳损性伤病。

(5) 力量训练中的速度原则

重视在中、低负重条件下的速度力量练习，有效的方法是在不同负重条件下将低速、中速和快速组合起来练习。最终的目的是提高负重条件下的速度力量水平。

4. 专项速度训练的重要性

从事青少年旋转推铅球运动员训练工作的教练员要更新训练观念，深刻认识到专项速度与专项成绩间的直接关系，建立以专项速度为纲的专项能力训练体系。研究和总结旋转推铅球项目专项速度构成的指标体系及其相应的训练方法和手段是提高专项成绩的新理论与实践途径。

专项速度是运动员在遵守竞技运动项目特定竞赛规则要求下，运用专项技术创造各运动阶段的最高运动学合成速度。它是运动员的专项素质、专项技术、专项意志与专项认知在专项运动训练中融合升华的综合产物，是其作用于人体后的综合训练学结果，也是训练效应的直接反映和结果表现。专项速度是专项技术和专项素质训练效果评定的直接指标；专项技术和专项素质是专项速度发挥与保持的物质基础；专项意志与专项认知是专项速度发挥和保持的心理及神经支配基础。

青少年旋转推铅球运动员的训练应以专项速度为核心，即改进和完善专项技术，发展和提高身体素质，都必须以专项速度的需求为目标安排与设计训练。一般身体训练与专项身体训练必须以专项速度为目标，必须产生应答性训练效果。也就是说，无论是一般身体训练，还是专项身体训练都必须以专项速度是否提高为检查评定标准，都必须为专项速度的提高服务。因此，必须深入研究不同水平的专项速度相对应的身体素质水平（力量、速度、灵敏与协调）与专项技术的要求，即关键技术动作的实效性与精确性、关键运动环节的生物力学效能，以及二者间的相互关系与影响。

但是，应该清醒地认识到，通过加快旋转速度来提高专项速度对于运动员来说并不是越快越好。客观上每个人都有一个适宜的旋转速度值。它的大小取决于运动员旋转过程中单支撑与双支撑瞬间身体的控制能力，取决于最后用力形成瞬间左侧支撑的有效性与稳定性。因此，旋转推铅球训练要重视下肢肌群的快速离心-向心收缩工作能力的培养。

5. 发展力量、速度、灵敏素质应注意的问题

（1）发展力量素质应注意的问题

①力量训练要全面

在发展局部力量时，要注意发展整体力量；在发展大肌群力量时，要注意发展小肌群力量；在发展四肢力量时，要注意发展腰腹力量；在发展常用肢体力量时，要注意发展不常用肢体的力量。

②力量训练的动作幅度要大

每次练习时，肌肉应从预先伸展开始，有利于肌纤维拉长。肌纤维在一定范围内拉得越长，其收缩的力量也就越大。那么，肌纤维到底拉多长为好呢？美国生理专家斯登特尔认为，被拉长肌肉的长度可达到肌肉放松状态的 1.6 倍。美国生理专家菲克认为，肌肉的缩短程度可收缩到正常状态下长度的一半。由此可见，肌纤维最大限度地拉长与最大限度地缩短之间存在着一个较大的范围，练习动作幅度越是接近这个范围值，表现出来的力量也就越大。

③要注意肌肉放松

在进行力量训练以后，要特别注意对运动员的肌肉进行放松，以免出现肌肉僵化现象。肌肉收缩能力的大小不仅取决于肌纤维的收缩能力，也与肌纤维的放松有关，如肌肉只能收缩不能放松，就会使肌纤维失去弹性，从而使肌肉的收缩阻力增大，降低肌肉克服外部阻力的能力。所以，应采用必要的恢复手段，如按摩、沐浴等。在训练过程中，可采用对身体不同部位交替训练等方法，使运动员不同部位的肌肉工作和休息交替。同时教练员应教给运动员自我放松的方法，使他们养成自我放松的习惯。

④在力量训练中要注意调整呼吸

进行力量练习时一般要憋气，它可加大胸廓的压力，促使主动脉向主动肌射血，以提高用力时间和用力效果。但是，如运动员憋气时间过长，会使胸廓内压升高，肺循环恶化，致使脑贫血，造成休克的危险。在憋气练习之前应让运动员做深呼吸，特别是要做深呼气，以防胸廓内压升高得太多。练习过程中，如提杠铃到胸部之前，应进行中等程度的吸气。练习结束后，应使运动员有充分的休息时间，以保证“氧债”的偿还。

⑤力量训练要在精力充沛时进行

影响力量的主要因素是向效应器发射较强的神经冲动，向效应器发射的神经冲动的强度越大，肌纤维参与工作的数量就越多，冲动越集中，运动单位工作的同步化程度也越高。但要达到这一点，必须使运动员有充沛的精力和高度集中的注意力，只有这样才有练习的兴趣和积极性。

⑥应结合动作的特点

专项力量训练应选择结合专项动作的特点的力量练习手段，以便发展与专项技术一致性的力量。此类练习手段必须符合下列要求：

a. 力量练习手段与专项技术动作在结构上相似；

b. 力量练习手段与专项技术动作在用力性质上相似；

c. 力量练习手段与专项技术动作在节奏上相似。

⑦因人而异确定训练方法与手段

运动员在肌肉的工作上表现出不同的类型，如有些运动员可较快地发展绝对力量，而有些运动员的速度力量水平提高较快。另外，不同类型的运动员在肌肉承受工作负荷的能力上也表现出不同，如有些运动员能够承受大负荷刺激，而有些则不能。我们应在“扬长”和“补缺”两个原则下确定练习强度和次数的组合模式，还必须指出的是，“扬长”原则占主导地位。

（2）发展速度素质应注意的问题

第一，注意身体素质发展敏感期，一般在7~13岁时应加强速度素质的训练。

第二，应结合专项特点进行。速度素质训练应结合专项。旋转推铅球运动员应重视动作速度训练，在训练中，要选择与专项技术在结构上相似的训练手段。

第三，速度素质训练要在运动员兴奋性高、情绪饱满、运动欲望强的情况下进行。

（3）发展灵敏素质应注意的问题

苏联学者亚纳尼斯指出，灵敏是能够正确、迅速、合理和灵活地完成新的动作的能力，即在变化条件下迅速掌握动作的能力。

美国学者詹林和加希尔则认为，灵敏是迅速改变身体（或某一部分）运动方向的能力，是几种运动素质的结合，包括力量、反应时、速度、爆发力和协调性。

我国学者认为，灵敏素质是在各种复杂变换的条件下，运动员能够迅速、准确、协调地改变身体运动的空间位置和运动方向，以适应变化着的外环境的能力。

发展灵敏素质应注意：灵敏素质快速增长的年龄阶段在13岁左右，应抓住这一黄金年龄段进行训练。训练年限与青少年运动员的灵敏素质关系密切，年限越长，运动技能越巩固，则灵敏素质越佳。灵敏素质训练应安排在训练课的前半部分体力充沛的时间内进行。在选择专项灵敏素质训练手段时，应注意与专项动作的结构特点、性质相吻合。训练中采用的练习方法应以游戏的形式来体现，以提高青少年运动员的练习兴趣。在素质发展的黄金时期系统规律地进行练习，灵敏素质的增长将更为理想。

二、旋转推铅球技术要领

马 屹 张英波

由于身高、体型等种种主观因素的不同，每一位运动员的技术动作也各有特点。因此总结出旋转推铅球的技术要领，供大家学习参考。在此要领的基础上，结合实际，循序渐进地掌握旋转推铅球技术。

（一）握球、持球与预备姿势技术要领

1. 握球（以右手为例）

五指自然分开，铅球放在中间三指的指根处，掌心向前，腕部后伸，上臂放松，前臂垂直于地面托住铅球（图 1-1）。

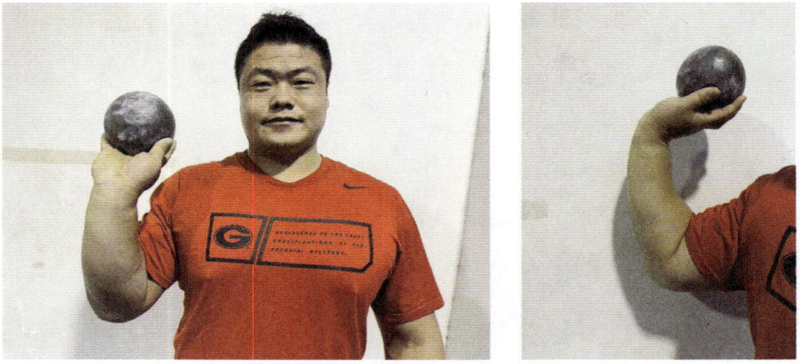

图 1-1　握球

2. 持球

将铅球放在锁骨窝处，下颌前伸右转，肘关节与身体成 80°~90°，将铅球固定住。

3. 预备姿势

身体背对投掷方向，两脚开立与肩同宽或稍宽于肩，站在中心线两侧或稍偏右，外八字站立，两腿屈、上体前倾，重心在两脚前脚掌，左臂自然抬起，手腕放松，掌心向下，目视前下方 4~5 米处（图 1-2）。

图 1-2　预备姿势

（二）旋转技术要领

1. 预摆

左臂伸展向右侧摆动，左臂、左膝和左脚在预摆时一起向内转动，重心移到右脚前脚掌，同时左脚前脚掌着地，屈膝屈踝，使上体扭紧后，左臂画圆，身体重心向左侧移动。

2. 起转

起转在身体重心左移的过程中，左臂的摆动，先前伸画圆，重心通过双脚前脚掌向左侧移动，左膝外旋，两髋打开，两腿外展（图 1-3）。

图 1-3　起转

3. 左侧单支撑

右脚最先启动，前脚掌内侧蹬离地面，身体重心向左侧移动到左腿上，右腿以大腿带动小腿做大半径的摆动，当左侧转到投掷方向时，左脚前脚掌、左膝转至投掷区右边线方向制动，左臂展开，指尖指向投掷区中线方向。右腿加速前摆，“扫”进投掷圈中心附近（图 1-4）。

图 1-4　左侧单支撑

4. 腾空

左脚启动蹬伸，左臂放松，左肩下沉，左臂向右臀“缠绕”包住上体，使上体留住，增加铅球的运行距离，身体保持平衡（图 1-5）。

图 1-5　腾空

5. 右侧单支撑

当右脚落在 270°附近时，快速落地，左臂对着投掷区左边线方向，右脚落地后持续转动，左腿贴着右腿转动至身体侧对投掷方向。使身体瞬间保持扭紧状态，左腿大腿内侧肌肉内收（能够控制两脚落地的距离），在左脚落地前身体重心在右脚前脚掌内侧，背对投掷方向，双肩与地面保持平行（图 1–6）。

图 1–6　右侧单支撑

（三）最后用力技术要领

1. 双支撑

左脚快速后插落地，成原地投前姿势，右脚持续碾地，向上蹬转，左臂向投掷方向前上方摆动，左腿支撑，（力量在前脚掌内侧）挺胸抬头，目视上方。右肘对着投掷圈后沿，左右腿间距根据运动员的身高情况而定，通常在 65 ~ 75 厘米，两脚外八字落地，重心压在右脚前脚掌上，头部、铅球、膝关节和前脚掌在一条垂线上（图 1–7）。

图 1-7　双支撑

2. 最后出手

身体持续转动，跳起将铅球沿切线方向尽力往投掷区中线靠左边线方向推出（图 1-8）。

图 1-8　最后出手

（四）维持平衡技术要领

1. 出手后

铅球离手后左右腿快速转换，左腿蹬直后摆，右侧继续转动，使身体背对投掷方向，左膝抬起继续向投掷方向摆动，右腿支撑跳起转至投掷方向缓冲落地，维持身体平衡完成投掷（图 1–9）。

图 1–9　出手后

2. 结束动作

控制好身体不犯规，完成动作后退，从铅球圈后半区白线后离开投掷圈（图 1–10）。

图 1–10　结束动作

综合上述技术，完整投技术动作主要在于：前半程旋转速度可控，后半程加速度，这样的节奏才更符合实际技术特征；如果前半程旋转过快，就会造成动作幅度减小，右腿摆动的半径减小，动作幅度缩小后，直接影响后半程技术，尤其是最后发力动作；如果前半程动作速度有所控制，动作能够做到位，那么后半程的技术质量就会提高。完整动作体现在三快上，一是起转过来右腿要摆得快；二是右腿进入投掷圈中心时要落地快；三是最后出手时右脚换脚要快。

三、旋转推铅球运动员身体训练常用手段

阚福林　马　屹

铅球是一项对技术动作和力量素质都要求很高的运动，在掌握技术的同时，身体训练显得尤为重要。科学合理的身体训练，可以提高运动成绩、防止伤病发生、延长运动寿命。在训练中，应时刻保持专注，循序渐进。

（一）基础力量训练手段

发展旋转推铅球专项需要的基础性力量，可提高原动肌绝对力量和协调性，为专项力量训练打好基础。

在基础力量训练时应注意动作技术的正确性，只有在熟练掌握技术动作的基础上，才能逐步增加负荷，保持动作完整性，建立正确的用力方向与发力意识。在极限用力时应使用合理的短时屏气方法。

1. 上肢力量

（1）杠铃卧推（宽卧、窄卧）

目的：发展胸肌与三角肌前束等肌群，提高最后用力推球的基础力量。

要求：在不同握距下快速发力，动作幅度大，用力方向及意识与专项保持一致（图 1-11）。

图 1-11　杠铃卧推

(2) 斜板上推杠铃

目的： 发展胸肌与三角肌前束等肌群，提高最后用力推球的基础力量。

要求： 在斜向上角度下快速发力，动作幅度大，用力方向及意识与专项保持一致（图 1-12）。

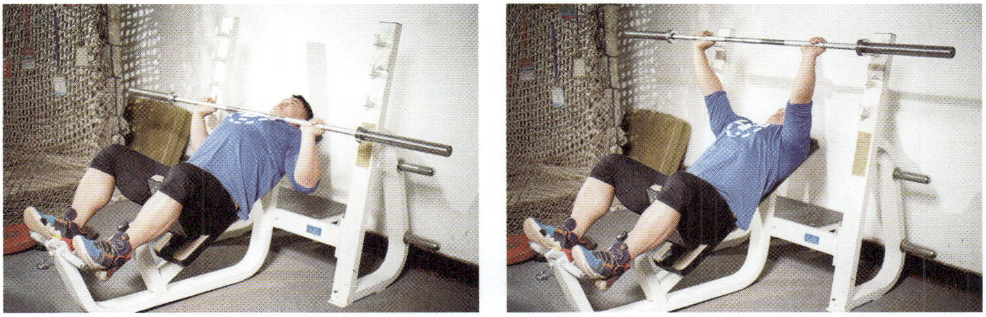

图 1-12　斜板上推杠铃

(3) 弹力带负重卧推

目的： 发展胸肌与三角肌前束等肌群，提高最后用力推球的基础力量。

要求： 在不同角度、握距和支撑斜度下快速连续发力，动作幅度大，用力方向及意识与专项保持一致。

(4) 俯卧拉

目的： 发展背部及上肢后群肌拉引力量，提高专项动作幅度，减速制动及动作稳定性。

要求：在不同角度、握距下快速连续发力，动作幅度大，拉起高度至上臂与前臂成 90°夹角，用力意识与专项保持一致（图 1-13）。

图 1-13　俯卧拉

（5）坐姿器械下拉

目的：发展背部及上肢后群肌拉引力量，提高专项动作幅度，减速制动及动作稳定性。

要求：在不同握距下快速发力，动作幅度大，下拉至锁骨处，上臂与前臂约成 90°夹角，用力意识与专项保持一致（图 1-14）。

图 1-14　坐姿器械下拉

（6）坐（站）姿颈后推

目的：发展三角肌和肱三头肌，提高铅球最后用力推球基础力量。

要求：上臂与前臂成 90°夹角，肩关节略微水平内收，快速用力上推，保证器械在同一平面上下移动，合理控制器械回落速度（图 1-15）。

图 1-15　坐姿颈后推

(7) 前推举

目的：发展胸肌与三角肌前束等肌群，提高铅球最后用力推球基础力量。
要求：动作幅度大，快速用力，用力方向及意识与专项保持一致（图 1-16）。

图 1-16　前推举

(8) 坐推

目的：发展胸肌与三角肌前束等肌群，提高铅球最后用力推球基础力量。
要求：动作幅度大，快速用力，用力方向及意识与专项保持一致（图 1-17）。

图 1-17　坐推

(9) 快推

目的： 提高铅球最后用力推球基础力量。

要求： 动作幅度大，快速连续用力，用力方向及意识与专项保持一致（图 1-18）。

图 1-18　快推

2. 下肢力量

(1) 深蹲（后蹲和前蹲）

目的： 发展下肢专项肌群最大力量，提高铅球最后用力时双腿的蹬伸力量，加强主被动肌群间的协调工作能力。

要求：下蹲幅度至大腿与地面平行，躯干平直且与小腿平行，用力方向及意识与专项保持一致（图 1-19）。

图 1-19　深蹲

（2）半蹲

目的：发展下肢最大力量，提高铅球最后用力时双腿的蹬伸力量，加强主被动肌群间的协调工作能力。

要求：下蹲幅度至大腿与地面成 140°~160° 夹角，躯干平直且与小腿平行，用力方向及意识与专项保持一致（图 1-20）。

图 1-20　半蹲

（3）提踵

目的：发展下肢小腿肌群力量，提高踝关节伸展能力，提高铅球最后用力时双腿的蹬伸力量，加强主被动肌群间的协调工作能力。

要求：提踵幅度大，躯干平直与地面垂直，用力方向及意识与专项相近（图 1-21）。

图 1-21　提踵

（4）负重深蹲跳

目的：发展下肢专项肌群快速力量，提高铅球最后用力蹬伸力量，提高铅球最后用力时双腿的蹬伸力量，加强主被动肌群间的协调工作能力。

要求：下蹲幅度至大腿与地面平行，躯干平直且与小腿平行，跳起后下肢完全伸展，用力方向及意识与专项保持一致（图 1-22）。

图 1-22 负重深蹲跳

（5）负重半蹲跳

目的： 发展下肢专项肌群最大力量，提高铅球最后用力蹬伸力量，提高铅球最后用力时双腿的蹬伸力量，加强主被动肌群间的协调工作能力。

要求： 下蹲幅度至大腿与地面成 140°～160°夹角，躯干平直且与小腿平行，跳起后下肢完全伸展，用力方向及意识与专项保持一致（图 1-23）。

图 1-23 负重半蹲跳

（6）壶铃弓步走

目的： 发展下肢专项肌群力量，提高铅球最后用力蹬伸力量及稳定能力，加强肌肉间的协调能力。

要求：行进过程中，前腿下蹲至大腿与地面平行，小腿垂直于地面；后腿弯曲，前脚掌支撑，膝关节靠近地面；躯干平直与地面垂直，向前上方发力蹲起，用力方向及意识与专项保持一致（图 1–24）。

图 1–24　壶铃弓步走

(7) 杠铃箭步蹲

目的：发展下肢专项肌群力量，提高铅球最后用力蹬伸力量及稳定能力，加强肌肉间的协调能力。

要求：原地完成动作，保证前腿下蹲至大腿与地面平行，小腿垂直地面；后腿弯曲，前脚掌支撑，膝关节靠近地面；躯干平直与地面垂直，向上方发力蹲起，用力方向及意识与专项保持一致（图 1–25）。

图 1–25　杠铃箭步蹲

3. 躯干力量

(1) 负重前屈

目的：发展躯干肌肉力量及稳定性，提高专项动作完成时力的高效传递，预防专项运动损伤。

要求：动作过程中，保持腰背平直，头与躯干在同一条直线上，双腿微屈，以髋关节为轴进行屈伸，前屈幅度至躯干与地面平行（图 1–26）。

图 1–26　负重前屈

(2) 负重体侧屈

目的：发展腹内斜肌和腹外斜肌力量，提高躯干稳定性和力的传导效率，提高专项动作稳定性。

要求：保持身体在额状面内侧屈，头与躯干位于同一直线，保证较大侧屈动作幅度（图 1–27）。

图 1-27　负重体侧屈

(3) 负重仰卧起

目的： 发展腹直肌力量，提高核心稳定性和力的传导效率，提高专项动作稳定性及动作幅度。

要求： 控制适度动作幅度，保证腹肌始终处于收紧用力状态，头与躯干在同一条直线上（图 1-28）。

图 1-28　负重仰卧起

(4) 负重侧起

目的： 发展腹内斜肌和腹外斜肌力量，提高躯干稳定性和力的传导效率，提高专项动作稳定性。

要求： 保持身体在额状面内侧屈，头与躯干在同一条直线上，保证完整的侧屈动作幅度（图 1-29）。

图 1-29　负重侧起

（5）负重转体

目的： 发展腹内外斜肌和躯干旋转链力量，提高躯干稳定性和力的传导效率，提高专项动作稳定性。

要求： 保持身体在水平面扭转，头与躯干位于同一条直线上且与地面垂直，保证躯干向两侧做较大的旋转幅度（图 1-30）。

图 1-30　负重转体

（6）杠铃臀桥顶髋（臀冲）

目的： 发展臀肌及背部肌肉力量，提高躯干稳定性和力的传导效率。

要求：顶髋时垂直向上快速发力，保证完整动作幅度，顶髋至躯干与地面平行；动作过程中，肩部和双脚支撑稳定（图 1–31）。

图 1–31　杠铃臀桥顶髋（臀冲）

4. 全身力量

（1）挺举

目的：发展全身肌肉快速力量，提高发力完整性、协调能力及稳定性。

要求：在双腿适度下蹲缓冲后快速呈弓箭步发力，双臂快速向斜上方伸展推起杠铃，躯干稳定并与地面垂直（图 1–32）。

图 1–32　挺举

（2）高翻

目的：发展全身肌肉快速力量，提高发力完整性、协调能力及稳定性。

要求：在双腿适度下蹲后快速伸髋、伸膝和伸踝发力，双臂快速向上提拉杠铃，至肩部高度后迅速翻转手腕屈肘支撑，躯干稳定并与地面垂直（图 1-33）。

图 1-33　高翻

（3）高拉

目的：发展全身肌肉快速力量，提高发力完整性、协调能力及稳定性。

要求：在双腿适度下蹲后快速伸髋、伸膝和伸踝向上发力，双臂快速向上提拉杠铃至肩部上方最高处，躯干稳定并与地面垂直（图 1-34）。

图 1-34　高拉

（4）抓举

目的：发展全身肌肉快速力量，提高发力完整性、协调能力及稳定性。

要求：从地面或悬垂大腿 1/2 处开始，快速伸髋、伸膝、伸踝向上发力，双臂伸展，身体迅速下移呈深蹲，头顶杠铃直臂支撑，躯干与小腿平行(图 1-35)。

图 1-35　抓举

(二) 专项力量训练手段

1. 站姿双手推哑铃

目的：发展上肢肌肉快速力量，提高专项动作发力完整性、协调能力及稳定性。

要求：最后出手姿势站立，屈臂持哑铃快速沿出球方向推起，配合躯干扭转及下肢屈蹬发力（图 1-36)。

图 1-36　站姿双手推哑铃

2. 杠铃负重转体走

目的：发展躯干扭转力量和稳定性，提高专项动作完成的协调性与稳定性。

要求：上下肢配合协调，快速发力扭转，合理控制惯性缓冲，保证大幅度动作，头部随身体的转动向前，双目平视前方（图 1–37）。

图 1–37　杠铃负重转体走

3. 旋转后向上推杠铃

目的：发展上肢肌肉及全身协同性快速力量，提高专项动作发力完整性、协调能力及稳定性。

要求：弓箭步扭转姿势站立，保证良好的发力角度，躯干适度扭转，腿部快速向斜上方蹬伸，伸展双臂，身体直立（图 1–38）。

图 1–38　旋转后向上推杠铃

4. 单腿上台阶单臂壶铃上举

目的：发展专项全身肌肉快速力量，提高左侧动作发力完整性、协调性及稳定性。

要求：左脚接触台阶后迅速向上蹬伸发力，异侧手臂快速持壶铃向上推起，上下肢协同用力，伸展后身体直立，躯干稳定（图 1-39）。

图 1-39　单腿上台阶单臂壶铃上举

5. 双手持片侧向原地抛片

目的：发展专项全身肌肉快速力量，提高专项扭转发力协调性及稳定性。

要求：下肢屈髋、屈膝支撑后迅速伸展，同步进行扭转抛片，尽量增加工作距离，力求快速出手（图 1-40）。

图 1-40　双手持片侧向原地抛片

6. 炮台双手持杠铃两侧摆

目的：发展专项全身肌肉快速力量，提高专项扭转发力协调性及稳定性。

要求：下肢屈髋、屈膝支撑后迅速伸展，同步进行左右扭摆杠铃杆，尽量增加工作距离，动作快速，保持连续用力节奏（图 1-41）。

图 1-41　炮台双手持杠铃两侧摆

7. 炮台单臂原地推杠铃

目的：发展专项全身及上肢肌肉快速力量，提高专项发力协调性及稳定性。

要求：下肢预蹲支撑后迅速伸展，同步单臂向斜上方推出杠铃杆，保证上下肢协同配合，完整动作幅度大、快速连续（图 1–42）。

图 1–42　炮台单臂原地推杠铃

8. 单、双手持实心球对墙投

目的：发展专项全身及核心肌肉快速力量，提高身体扭转发力协调性及稳定性。

要求：下肢屈髋、屈膝支撑后迅速伸展，同步进行侧向抛出实心球，尽量增加工作距离，保持连续用力的节奏（图 1–43）。

图 1-43　单、双手持实心球对墙投

9. 双手持实心球原地跳起上抛

目的：发展专项全身及核心肌肉快速力量，提高专项发力协调性、稳定性和快速连贯性。

要求：下肢预蹲支撑后迅速伸展，同步双臂向上伸展沿头上方抛出实心球，保证大幅度发力距离，动作连贯，快速爆发（图 1-44）。

图 1-44　双手持实心球原地跳起上抛

（三）辅助训练手段

1. 仰卧哑铃头后拉

目的：发展上肢拉引动作的肌肉快速力量，提高专项发力协调性及稳定性。

要求：躯干稳定支撑，双臂头后伸展持铃快速上拉，保证大幅度动作及发力距离，动作快速连贯（图 1-45）。

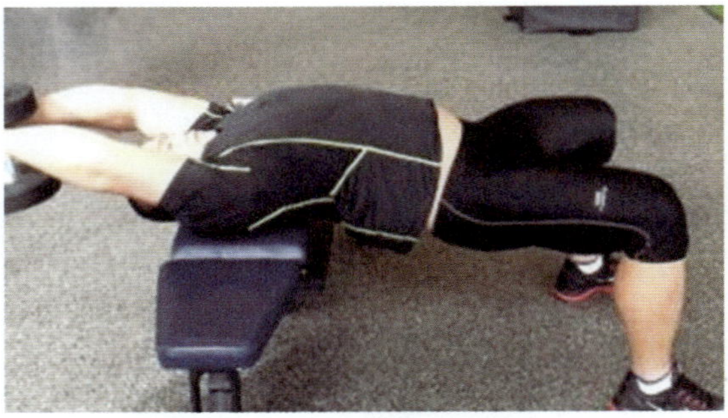

图 1-45　仰卧哑铃头后拉

2. 单（双）臂持壶铃斜板仰卧上推

目的：发展上肢推起动作的肌肉快速力量，提高专项发力协调性及稳定性。

要求：躯干稳定支撑，单臂或双臂持铃快速沿斜上方推起，保证大幅度动作及发力距离，动作快速（交替）连贯（图 1-46）。

图 1-46　单臂持壶铃斜板仰卧上推

3. 单（双）手持壶铃弓箭步下蹲

目的：发展上肢及核心静态稳定性，发展下肢肌肉快速力量，提高专项发力协调性及稳定性。

要求： 躯干稳定支撑，双臂稳固持铃，前后分腿下蹲，动作幅度完整，动作快速连贯（图 1–47）。

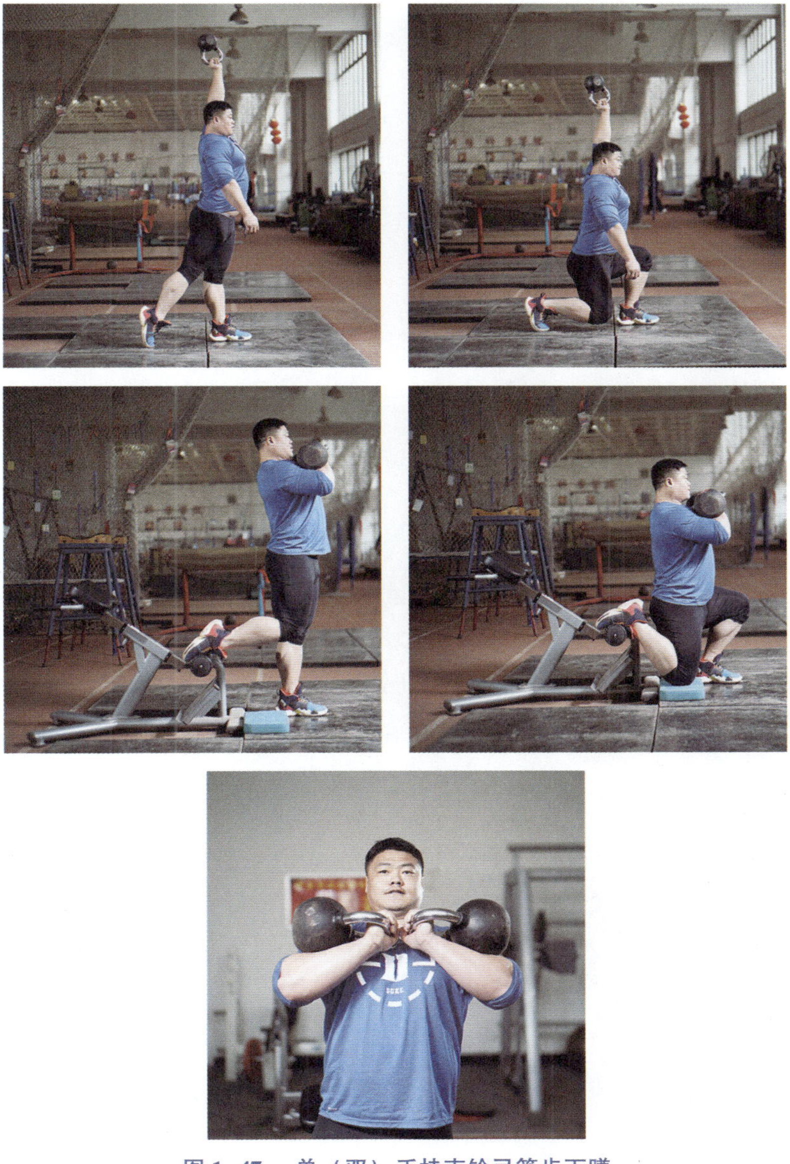

图 1–47　单（双）手持壶铃弓箭步下蹲

4. 单（双）手持壶铃前行

目的：发展核心及全身肌肉静态、动态力量，提高躯干稳定性。

要求：躯干直立稳定，单（双）侧持铃，沿直线行走（图 1-48）。

图 1-48　单（双）手持壶铃前行

5. 弹力带转髋

目的：发展下肢及全身肌肉快速力量，提高专项发力协调性及稳定性。

要求：屈膝快速连续转髋，保证弹力带持续弹性阻力，大幅度扭转动作及距离，上下肢协同配合，动作快速连续（图 1-49）。

图 1-49　弹力带转髋

6. 壶铃单臂蹲摆

目的：发展上肢及全身摆动及肌肉制动力量，提高专项发力协调性及稳定性。

要求：屈髋、屈膝预蹲，躯干稳定，单臂持铃快速向前上方摆出，保证大幅度动作及发力距离，制动稳定，动作快速连贯（图 1-50）。

图 1-50　壶铃单臂蹲摆

7. 静力背肌

目的：发展背部肌肉静态力量与核心稳定性，提高专项发力协调性及稳定性。

要求：背部伸展，躯干稳定，双腿和双臂离地悬空，配合呼吸（图 1-51）。

图 1-51　静力背肌

8. 静力腹肌

目的：发展腹部肌肉静态力量与核心稳定性，提高发力协调性及稳定性。

要求：仰卧两头起后，躯干稳定，双腿和双臂离地悬空，配合呼吸（图 1-52）。

图 1-52　静力腹肌

9. 熊爬

目的：发展四肢协调能力，提高核心稳定力量，促进发力协调性及稳定性。

要求：腰背部平直且与地面平行，四肢交替协调用力，躯干稳定，配合呼吸（图 1–53）。

图 1–53 熊爬

10. 哑铃屈肘、背肘、屈腕、背腕

目的：发展前臂手腕小肌群力量及关节稳定性，提高环节动作稳定性与协调性。

要求：保证肩臂及上臂与前臂成 90°夹角，分别以肩或手腕为轴进行屈伸前臂或手掌（图 1–54）。

图 1–54 哑铃屈肘、背肘、屈腕、背腕

11. 引体向上

目的：发展背部及拉引动作涉及的肌群，提高专项缓冲能力，平衡上肢前后肌群力量能力发展。

要求：上臂与前臂成 90°夹角，拉引至下颌超过单杠，回落时动作速度可控，并保持完整动作幅度（图 1–55）。

图 1–55　引体向上

（四）灵活性、稳定性训练手段

1. 灵敏梯脚下各类变向移动

图 1–56　灵敏梯脚下各类变向移动

目的：提高快速脚步移动能力，身体灵活性，平衡性和协调性；增强脚底肌肉，踝关节和膝关节的小肌肉群功能，预防下肢受伤。

要求：核心稳定，骨盆水平与地面平行，脚下左右均衡移动，摆臂配合下肢脚步移动（图 1–56）。

2. 瑞士球平板支撑

图 1–57　瑞士球平板支撑

目的：提高核心及肩肘和下肢关节稳定性，保证动作稳定与平衡控制。

要求：重心稳定，腰背平直，头、躯干与下肢成一条直线，肩肘上臂与前臂成 90°；配合呼吸（图 1–57）。

3. 静力侧桥

目的：提高核心力量及肩肘和下肢关节稳定性，保证动作稳定与平衡控制。

要求：重心稳定；腰背平直，头、躯干与下肢成一条直线，肩肘上臂与前臂成90°夹角；增加难度可进行单侧支撑；配合呼吸（图1–58）。

图1–58　静力侧桥

4. 平衡垫伸展

目的：提高核心及肩肘和下肢关节稳定性与平衡性，保证动作稳定与平衡控制。

要求：重心稳定；腰背平直，头、躯干成一条直线，单腿微屈；对侧腿后伸，对侧手臂向下持铃保持平衡；配合呼吸（图1–59）。

图1–59　平衡垫伸展

5. 单臂持壶铃90°托举

目的：提高肩肘、躯干关节稳定性及上肢肌肉静态力量，保证各环节动作稳定与平衡性。

要求：腰背平直，身体稳定直立，肩肘上臂与前臂成90°夹角；配合呼吸（图1–60）。

图1–60　单臂持壶铃90°托举

6. 栏架髋关节灵活度练习

目的：提高髋关节灵活性及核心与下肢关节联动协调能力，保证动作幅度、稳定与平衡性。

要求：重心稳定；腰背平直稳定，髋关节放松；手臂协调，配合呼吸（图1–61）。

图 1-61　栏架髋关节灵活度练习

（五）速度、弹跳训练手段

1. 30 米加速跑

目的：提高加速能力与爆发力，培养神经肌肉快速用力意识及动作速度感。

要求：重心前移，快速摆臂与抬腿、加大后蹬的力度和速度；上下肢协调配合；逐渐增加步幅，保证小步幅、高步频的动作节奏。

2. 100 米跑

目的：提高速度及速度耐力，培养神经肌肉快速连续用力意识及动作速度感。

要求：重心前移，快速摆臂与抬腿、加大后蹬的力度和速度；上下肢协调配合；逐渐增加步幅，动作放松，借惯性保持速度。

3. 20 米折返跑

目的：提高加速、减速、制动及再加速能力，培养神经肌肉快速转换和变向灵活性，促进专项动作协调性。

要求：重心前移，快速摆臂与抬腿、加大后蹬的力度和速度；上下肢协调配合；加强减速缓冲，制动稳定，转化迅速。

4. 快速跳绳

目的：提高动作节奏及下肢尤其是脚踝的弹动能力，培养神经肌肉快速用力意识及动作节奏感。

要求：前脚掌触地；上下肢协调配合；脚踝发力；动作幅度充分；保证快频率的动作节奏。

5. 收腹跳

目的：提高下肢爆发力，培养神经肌肉快速用力意识及动作速度感。

要求：前脚掌触地，重心前移；快速抬腿摆臂；上下肢协调配合，快速转换；保证稳定的发力方向。

6. 沙坑纵跳

目的：提高下肢爆发力，培养神经肌肉快速用力意识及动作速度感。

要求：前脚掌触地，重心前移；快速抬腿摆臂；上下肢协调配合，快速转换；保证稳定的发力方向与动作节奏。

7. 立定跳

目的：提高下肢爆发力，培养神经肌肉快速用力意识及动作速度感。

要求：前脚掌触地，重心前移；快速抬腿摆臂；上下肢协调配合，快速转换；保证稳定的发力方向与动作节奏。

8. 两级蛙跳

目的：提高下肢连续爆发力，培养神经肌肉快速用力意识及动作速度感。

要求：脚掌落地快速过渡，重心前移；快速抬腿摆臂；上下肢协调配合，快速转换；保证发力方向及稳定连续的动作节奏。

9. 立定三级跳

目的：提高下肢连续爆发力，培养神经肌肉快速用力意识及动作速度感。

要求：下蹲快速制动稳定，重心前移；快速抬腿摆臂；上下肢协调配合；双腿快速蹬摆；保证稳定的发力方向及动作节奏。

10. 连续蛙跳

目的：提高下肢连续爆发力，培养神经肌肉快速用力意识及动作速度感。

要求：脚掌落地快速过渡，重心前移；快速抬腿摆臂；上下肢协调配合快速转换；保证发力方向及稳定连续的动作节奏。

11. 跳跳箱

目的：提高下肢单次爆发力，培养神经肌肉快速用力意识及动作速度感。

要求：快速下蹲缓冲制动；快速抬腿摆臂；上下肢协调配合快速转换；下落稳定，重心前移；发力方向稳定，动作节奏连贯迅速。

12. 跳栏架

目的：提高下肢爆发力及快速力量，培养神经肌肉快速用力意识及动作速度感。

要求：前脚掌触地，重心前移；快速抬腿摆臂；上下肢协调配合快速转换；保证发力方向及稳定连续的动作节奏。

四、专项能力训练常用手段

马 屹 隋新梅

要想提高成绩，既要掌握技术动作要领，也要进行专项能力的训练。同时，专项能力训练不仅可以使运动员更好、更快地学习技术动作，还可以更高效地将基础力量转化为专项力量，让铅球推得更远，技术更加稳定。

（一）原地投掷练习

1. 原地支撑投

目的：加强左侧支撑。

要求：两脚站位合理，身体重心在右脚前脚掌，最后出手时左腿支撑（图 1-62）。

图 1-62 原地支撑投

2. 原地跳投

目的：加强左腿支撑后向上的力量。

要求：左脚快落快起，将球推出换脚，顺着身体转动方向旋转一周维持身体平衡（图 1-63）。

图 1-63　原地跳投

（二）行进间投掷练习

1. 半程投

目的：掌握以右脚为轴，进行旋转的基本动作，右脚在投掷圈中央，体会左脚蹬离地面，加强右脚持续转动能力，提高旋转过程中的左脚落地速度与合理落点的控制能力。

要求：身体正对投掷方向，右脚放在投掷圈中心，脚尖内扣，左脚在后，脚跟抬起，右腿微屈，左脚蹬地，身体重心移到右脚前脚掌上，目视前方，右脚持续转动至左脚落在抵趾板附近，快速跳起将球推出（图 1-64）。

图 1-64　半程投

2. 南非投

目的：掌握左脚支撑进入旋转，以连贯动作完成旋转和最后用力。

要求：左脚在完整投的左脚原位，左脚、左肩对着投掷右边线，右脚撤出圈外，在中线右侧远端，左脚蹬地，右腿摆动进入圈中心时上体保持放松，右脚以前脚掌落地，保持身体平衡（图 1-65）。

图 1-65　南非投

3. 旋转支撑投

目的： 为最后跳投做基础，强调踝关节的屈伸，加强向上的力量。

要求： 重视完整动作技术的节奏，先慢后快，上慢下快，强调最后用力左侧支撑（图 1-66）。

图 1-66　旋转支撑投

4. 旋转跳投

目的： 掌握完整的旋转推铅球技术，提高专项成绩。

要求： 发展动作技术的节奏感，发展速度，熟练掌握完整动作技术（图 1-67、图 1-68）。

图 1-67 旋转跳投 1

图 1-68 旋转跳投 2

（三）辅助练习

1. 弹力带原地推模仿练习

目的：加强躯干扭转，形成最后发力环节正确动作，控制身体平衡。

要求：手持弹力带，右脚在前、左脚在后成原地投前姿势，降低重心，右脚转动 180°成原地投前姿势，动作完成后身体保持平稳（图 1–69）。

图 1–69　弹力带原地推模仿练习

2. 徒手半程旋转模仿练习

目的：加强右脚主动转动，提高身体平衡控制能力。

要求：双手叉腰，右脚在前、左脚在后成原地投前姿势，降低重心，右脚转动 180°成原地投前姿势，身体保持平稳。

3. 双手持实心球半程旋转支撑向上投模仿练习

目的：熟练掌握右脚转动技术。

要求：双手持实心球于胸前，右脚在前、左脚在后，重心落在右腿上，旋转 180°至投掷方向蹬伸，双手将实心球向上推出（图 1–70）。

图 1-70　双手持实心球半程旋转支撑向上投模仿练习

4. 双手持标枪进行旋转支撑向上推的模仿练习

目的：掌握旋转过程中上下肢协调能力、平衡控制能力，以及节奏感。

要求：按照分解动作要领与衔接顺序依次进行练习。

第一步：双手握标枪中部比肩宽，扛在肩上，双手握住标枪，身体面对投掷方向，右脚在前（脚尖内扣）、左脚在后，上体略微后仰，双腿屈膝，身体重心放在两腿中间（图 1-71）。

第二步：蹬左腿，身体重心移至右脚前脚掌，右脚跟稍离地面，身体重心下降，右脚内旋转动，左腿贴着右腿转至侧对投掷方向，成原地投前姿势。上体扭紧，双肩与地面保持平行，目视前下方。

第三步：右脚碾地，转髋，抬头挺胸，双腿迅速蹬伸，双脚前脚掌用力撑起，重心在两腿之间，双脚踝关节持力，目视头上方将标枪从肩上向上方推出至头后上方最远端（图 1-72）。

（口令）1—2—3 立住、还原。重复练习。

图 1-71　第一步图示

图 1-72　第三步图示

5. 单支撑旋转模仿练习

（1）单支撑旋转 90°

目的：熟练左脚单支撑转动，带动右腿跟进。

要求：重心保持在左腿上，加上预摆，左脚起转 90°，右腿蹬离地面，摆动跟进。

（2）单支撑旋转 180°

目的：增加难度，右腿大半径摆动。提高协调平衡控制能力。

要求：控制左脚规定的转动幅度。

（3）单支撑旋转 270°

目的：进一步增加难度，保持右腿大半径摆动。单支撑稳定，提高协调平衡控制能力。

要求：控制左脚规定的转动幅度。

(4) 单支撑旋转360°

目的：达到专项难度，保持右腿大半径摆动，单支撑稳定，以摆带转，提高协调平衡控制能力。

要求：控制左脚规定的转动幅度。

6. 完整旋转支撑投模仿练习

目的：模拟专项完整动作，提高左右侧肢体协调配合能力，加强专项转化能力。

要求：控制与保持良好的速度节奏，动作结构与专项保持一致。

7. 完整旋转跳投模仿练习

目的：模拟专项完整动作，提高左右侧肢体协调配合能力，加强专项转化能力。

要求：控制与保持良好的速度节奏，动作结构与专项保持一致。

（图片拍摄：白马大山；动作示范：冯杰、陈剑、陈子怡、徐理扬）

附录　优秀运动员技术图谱

于 冰 马 屹

美国选手科瓦奇旋转投技术

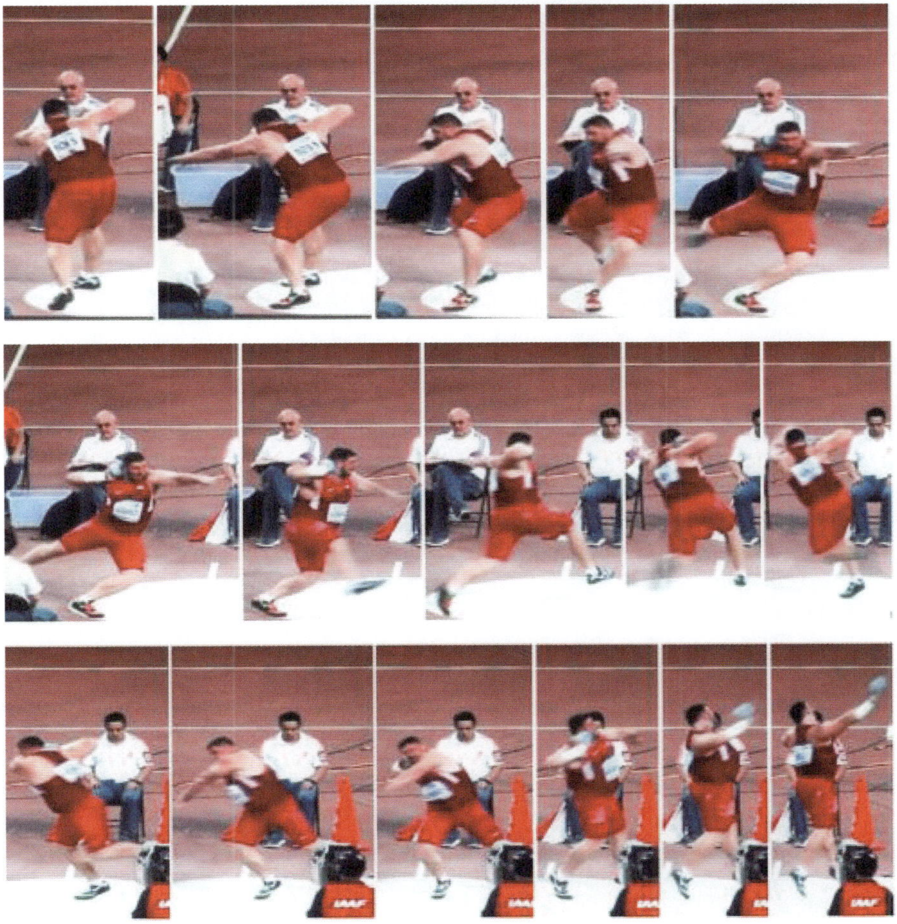

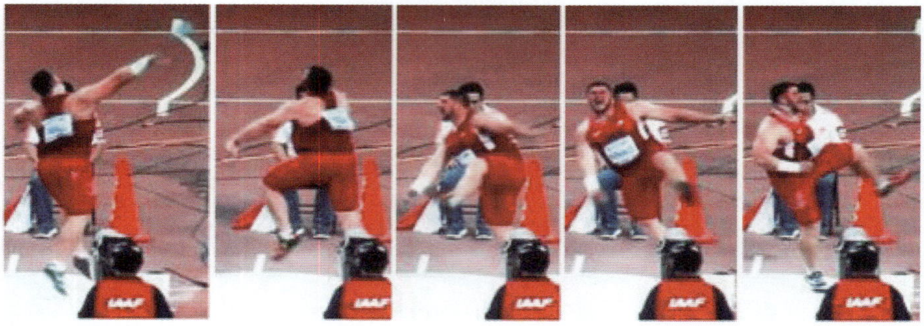

新西兰选手华莱士旋转投技术

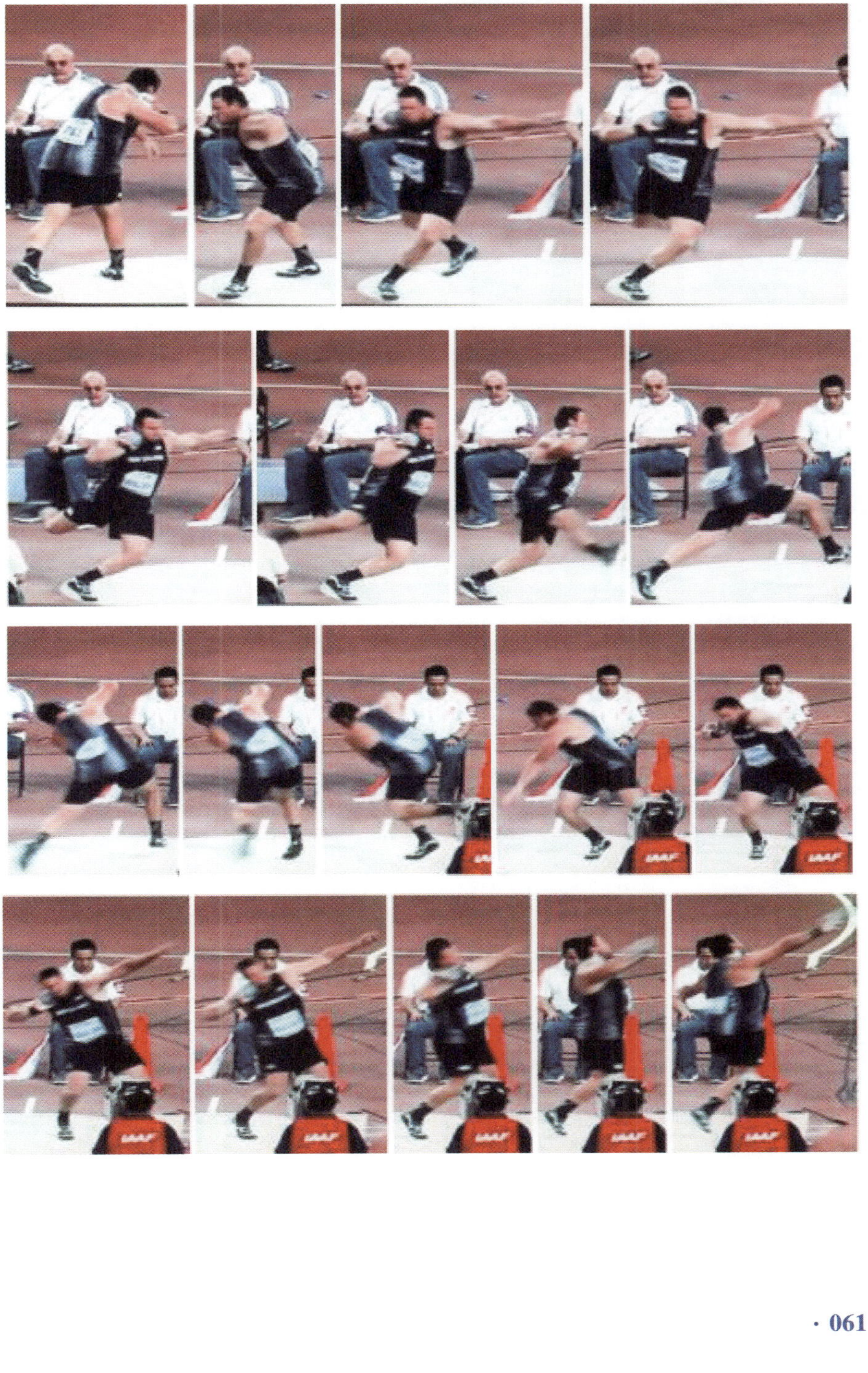

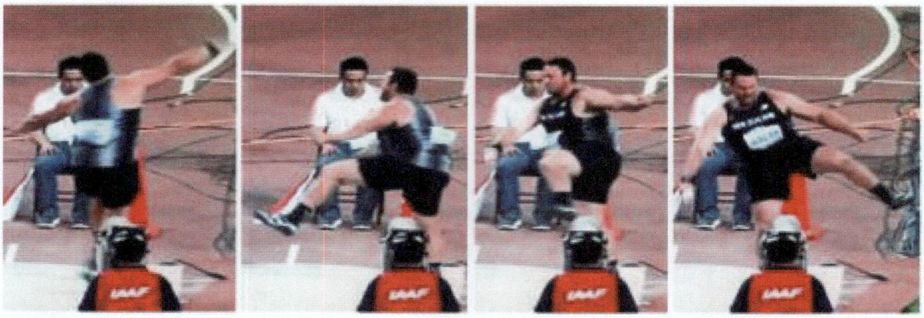

冯杰旋转投技术

掷铁饼

一、掷铁饼基本知识

张景龙　陈　栋

当今掷铁饼技术随着奥林匹克运动的开展与创新，在古希腊投掷技术的基础上不断进行着变革与演进。当今掷铁饼技术的演进主要经历了自由式、侧向转身、跳跃旋转、起跑式旋转、低腾空和连贯旋转等多种技术形式，逐步发展到今天被人们广泛采用的，突出连贯加速、大动作半径和大用力幅度的背向旋转技术。

（一）当今掷铁饼技术发展特征

20 世纪 80 年代至今，世界男、女掷铁饼水平都在不断提高。技术上表现为既注意旋转速度，又重视动作幅度，超越器械和最后用力充分，加速节奏好，出手速度快等特征。从目前铁饼技术发展状况来看，仍以上述特点为核心，进行系统科学训练。

（二）决定掷铁饼运动成绩的主要因素

在考虑空气作用的条件下，决定器械飞行远度的因素包括器械出手时的速度、器械出手角度、器械出手的高度及空气阻力。在前三个变量中，器械出手时的速度是最为重要的因素。当然出手高度、出手角度，以及空气阻力也是重要因素。

1. 出手速度对成绩的影响

获得理想的出手速度是以人体一系列动作为基础，充分发挥人体的内力，合理利用外力并符合生物力学规律的综合结果。铁饼飞行远度的增长取决于器械出手速度增长的平方值，投掷远度与出手速度的平方成正比，也就是说，出手速度越大，投掷远度就越远，而且出手速度的增加是没有限制的，可以尽量提高，启示人们在训练过程中如何尽力去提高铁饼的出手速度，这是方向性问题。

2. 出手高度、角度对成绩的影响

根据运动员水平不同，适宜的出手角度为34°~42°。有研究表明，在适宜出手角度范围内，从35°以上，继续增加出手角度对投掷距离的影响不大。如果出手角度降低至31°，则会较大地影响运动成绩，当出手角度逐渐接近适宜的出手角度时，例如出手角度从32°增加到34°，仅仅是增加2°，运动成绩将提高约107厘米。但是随着出手角度逐渐接近适宜出手角度，运动成绩提高幅度会有所降低，例如出手角度从39°提高到41°，运动成绩会提高约20厘米。

出手高度主要由运动员的身高所决定，但是如果运动员在出手瞬间双腿没有充分蹬伸，将会影响出手高度。

3. 空气阻力对铁饼飞行的影响

由于铁饼形状的特点，在空中飞行时气流对其飞行速度和飞行时间产生明显的影响。阻力的大小和风力、风向、器械的形状以及器械飞行的速度和角度有关。风力和风向不是人力所控制的，器械的形状是规则所规定的。器械飞行的速度越快，所受的阻力也越大，但速度是决定远度的主要因素。器械出手时倾角的大小是由投掷者的技术所控制的。控制倾角的大小，可以改变空气阻力的大小，在一定的条件下，还可以从中获得一定的助力。铁饼在逆风飞进中所受的风力成为两个分力：一个分力阻碍器械前进，起阻力作用；另一个分力沿竖直方向向上，产生升力作用，能增加器械飞行距离。相反，在顺风条件下，虽然器械可增加一定飞行速度，但对升力损失较大，降低了器械飞行距离。

由于器械在空中飞行的条件较为复杂，因此，要根据不同情况来确定器械的飞行状态。有经验的教练员和技术熟练的运动员，在技术训练中和比赛时非常重视摸索适合自己特点的最佳投掷角。在风力不大的逆风情况下投掷铁饼应适当地减少投掷角度，并巧妙地控制有关因素，形成最佳组合，能在现有出手速度的条件下，达到理想的投掷远度。

（三）握法

握饼方法目前有两种（图2-1），第一种是五指自然分开，拇指和手掌平靠

铁饼，其余四指末节扣住铁饼的边缘，手腕微屈，铁饼上缘靠于前臂。铁饼握好后，持饼臂自然放松下垂于体侧，投掷者可以根据手掌大小和力量的不同，适当调整握饼时五指分开的大小和四指末节抠住铁饼边缘的多少。第二种是食指与中指并拢，食指靠近铁饼的中线。与其说是握铁饼，不如说是用手指勾着铁饼更恰当，让初学者手指张开持握铁饼易于控制铁饼，可以防止铁饼“脱手”。随着成绩的提高，由于加在手指上的离心力越来越大，作为对策可以采用食指和中指并拢的握法。

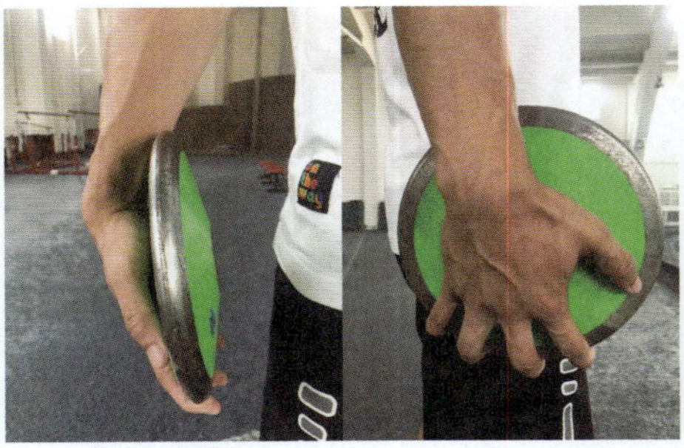

第一种

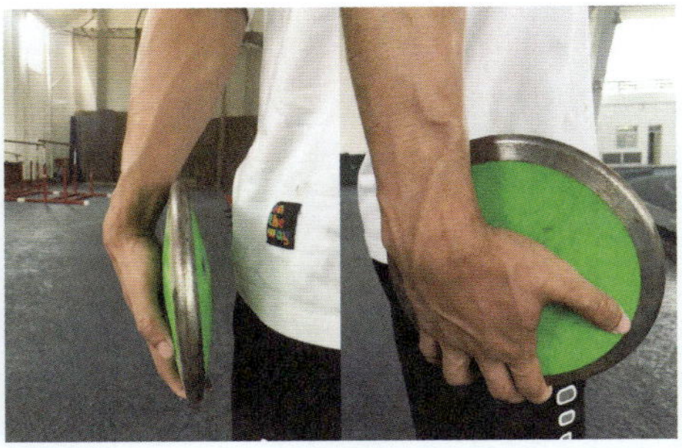

第二种

图 2-1　持握饼示意图

（四）完整技术

1. 准备姿势和预摆动作（以右手为例）

合理的准备姿势是背对投掷方向，双脚分开比肩宽，投掷臂持饼放松，重心稍有下移（图 2-2）。

图 2-2　起转预摆位置的身体姿势

预摆是为了获得预先速度，为旋转创造有利条件。目前常见的预摆有两种。一种是左上右后摆饼法：开始时，持饼臂在体侧前后自然摆动，当铁饼摆到体后时，身体重心在右腿上，接着以躯干带动持饼臂向左上方摆起，当铁饼摆到左上方时，左手在下托饼，身体重心靠近左腿，上体稍左转。回摆时，躯干带动投掷臂将铁饼摆到身体右后方，将身体向右扭紧，身体重心处于两腿之间偏右腿位置上，上体稍前倾，左臂放松摆动微屈于胸前，眼平视，头随上体自然转动。另一种是身体前后摆饼法：开始时，持饼臂在体侧前后自然摆动，当铁饼摆向体前左侧时，手掌逐渐向上翻转，右肩稍前倾，身体重心在左腿上。铁饼回摆到体后时，手掌逐渐翻转向下，身体重心逐渐由左向右移动，上体向右转动，身体扭转拉紧。这种方法动作放松，被大多数优秀选手广泛采用。

预摆时，为使身体达到旋转加速的要求，重心开始从右脚向左脚做大范围移动（站立的宽度），以产生投掷圈内旋转的启动动力。完成这个动作的时候，注意控制节奏，保持上身的放松状态。摆臂时60%~70%的身体重心在右脚上，屈膝动作开始时要求身体保持平衡，保持低重心或将身体重心下降，以达到需要的平衡。右脚牢牢抓地，左脚自由旋转，左膝向内扣。左脚内侧脚掌或脚趾贴住投掷圈边缘，右侧大腿有扭紧的感觉。摆臂动作完成时，双腿微屈站立（身体高度的80%~90%）。值得考虑的是：某些运动员在摆臂完成时形成扭紧的感觉，同原地准备姿势的身体扭转非常相似。

2. 旋转技术

预摆结束后，右脚稍蹬地，以左脚掌为旋转轴，左脚尖、左膝和左臂同时向投掷方向转动，投掷臂充分伸展并保持在身后。保持较低身体重心，躯干稍稍前倾，身体重心由右腿逐渐移向左腿，形成左侧旋转轴。进入旋转技术环节中重心由右腿向左腿旋转轴移动得充分与否，以及人体能否保持良好的超越器械状态，对于后续技术动作的顺利完成尤为重要。

旋转的目的是使人体和铁饼在最后用力之前获得一定的预先速度，并使人体充分扭紧形成超越器械状态，同时为最后用力形成有利的预备姿势。在投掷圈后侧，双脚略宽于肩左右开立，身体背向投掷方向。完成预摆动作时身体重心在右腿上。将身体重心移至左腿过程中，左膝、左肩和视线转向投掷方向，形成身体左侧旋转轴。右腿以大腿带动，右脚贴近地面，沿大半径围绕左腿旋转轴摆动。身体重心通过弯曲的左腿时，左脚稍蹬地推动人体重心向投掷圈的中心移动。左脚蹬离地面进入人体腾空状态。在保持上肢充分伸展的同时，右腿迅速向内转扣，缩小下肢转动半径和加快角速度，取得身体的进一步扭紧和超越器械。右脚以前脚掌积极着地落在投掷圈中心附近，并且不停顿地快速转动。身体重心压在右脚上，形成以身体右侧为轴的单腿支撑旋转。同时左脚迅速后伸外旋，以前脚掌内侧主动落地形成投掷最后用力预备姿势。整个旋转过程中注意投掷臂和铁饼置于身后，躯干跟随骨盆和双腿的转动而顺势转动，并保持较低的身体重心。

3. 最后用力

最后用力是掷铁饼完整技术中最重要的阶段，它的主要目的是进一步为器械加速，并形成铁饼出手的适宜初始状态。在这个阶段中，人体用力工作距离越长、作用于铁饼的力量越大、速度越快，则铁饼出手时的初速度就越大。加之合理的出手角度和适宜的飞行状态，投掷距离就越远。

决定最后用力动作完成质量的主要因素包括：形成正确的最后用力预备姿势；旋转与最后用力紧密衔接；动员全身快速力量能力，在人体-器械系统获得的预先旋转速度基础上继续大幅度地为铁饼加速；形成适宜的铁饼出手状态等。在右脚落地之后不停顿地转动过程中，左脚在投掷圈前沿附近的中线稍偏左处积极落地，在右腿支撑身体重心、人体充分扭紧和超越器械的最后用力预备姿势基础上，右髋、右腿迅速向投掷方向转动，有力带动躯干和投掷臂运动。促使铁饼沿最大弧线向投掷方向加速转动。左侧身体形成有力支撑，使身体右侧和铁饼绕左侧轴转动。当右髋的转动接近投掷方向时，继续转动向前送髋，同时蹬伸右腿。左肩和左臂也加速转向投掷方向，拉长胸部肌群，随着右腿继续蹬转用力，身体重心向支撑的左腿移动。与鞭打出手动作相配合，身体左侧轴保持稳固并积极支撑用力，在此基础上躯干和投掷臂以爆发式迅猛用力完成以胸带臂的鞭打出手动作。铁饼出手即刻，身体重心达到较高位置，铁饼与右肩同高，约以35°角从右手食指末节离手。

4. 出手后的平衡

铁饼出手后，为了避免犯规，投掷者应降低身体重心，及时交换两腿位置，并顺转动惯性转体维持平衡（图2-3）。

图2-3　维持身体平衡图示

二、掷铁饼技术分析

肖艳玲　李维宾

当前，国际上流行的就是我们常见的背向旋转掷铁饼技术。这种技术主要由握饼、预备姿势、预摆、旋转，最后用力和出手后的平衡等几个环节构成。最后用力主要有两种方式，分别为“跳投式”和“支撑投”。对于青少年运动员来讲，其技术掌握程度较低，所以在这里我们着重介绍支撑投技术，当前大多数运动员的技术特点是：站立宽，姿势低，幅度大，起转缓慢，旋转平稳，衔接紧凑。通过铁饼技术的发展过程我们可以看出，掷铁饼技术正朝着简单、实效、大幅、快速的方向发展。所以，探索技术环节的动作结构、旋转的速度节奏，形成最佳组合，充分发挥技术的整体效果，成为当前掷铁饼技术研究的重点。

（一）掷铁饼的关键技术

完整的掷铁饼技术是由握饼、预备姿势、预摆、旋转，最后用力和出手后的平衡等几个环节构成。为了便于分析，可以把旋转和最后用力两个重要技术环节分为六个阶段：双腿支撑起转、单腿支撑旋转、腾空旋转、衔接双脚落地支撑、最后用力初始加速阶段和最后用力的最后加速阶段（图 2-4）。

图 2-4　完整技术示意图

1. 双腿支撑起转

第一个双腿支撑起动进入旋转是重要技术环节之一，因为它直接影响旋转技术的稳定及技术动作的结构和节奏；第二个双腿支撑是最后用力前的技术动作结构，要求是技术动作迅速、果断、有力、平稳，有经验的教练员十分重视对这两个环节技术动作的严格训练（图 2-5）。

图 2-5　双腿支撑起转

（1）动作要领

预摆结束后，投掷臂放松留在身后，随着双腿屈膝支撑，转动髋部带动上体起动旋转，身体重心由右逐渐向左移动，左腿、左膝积极外转，左臂自然伸展，两肩平行，保持收腹，左肩经左脚上方沿上弧线向投掷方向转动，左腿和左肩协调配合，形成一体动作。

（2）技术难点

左腿转动领先于左肩，双腿支撑起动要平稳，不宜突然加速，特别要防止突然用左臂拉左肩，要控制好肩轴转动的角速度。此外，在转动中，身体要逐渐向投掷圈圆心倾斜，左脚尖转至投掷方向，此时，右腿大腿内侧肌群处于适度拉长状态，为右腿的摆动和落地积极转动创造条件。

2. 单腿支撑旋转

单腿支撑有两个阶段，第一阶段，以左侧为单脚支撑轴，右腿围绕左侧进行大半径的摆动和旋转。第二阶段，以右腿、右脚为支撑轴，左腿围绕右侧进行快速小半径的旋转落地。

重点提示：右腿弧形向投掷圈中心摆动和左腿转蹬相结合，是形成超越器械和水平速度的关键。右腿摆动时大腿高度不超过水平线，左腿保持一定弯曲约130°，蹬地角为36°~42°。这时身体重心远离支撑点，左臂协同控制好转动方向并维持平衡，使身体平稳地在转动过程中向前并在向前过程中转动右髋。

（1）动作要领

图 2-6　单支撑旋转

右脚蹬离地后，右腿微屈，并按弧形的路线大幅度地向投掷圈中心摆动和旋转，左腿屈膝支撑继续向投掷方向转蹬。身体重心投影远离支撑点向投掷圈中心移动，左臂协调控制方向和维持身体平衡，使身体平稳地在转动过程中向前迅速转动右髋，右腿摆向投掷圈中心时要低平转扣，右腿摆扣和左腿转蹬相结合，这是形成超越器械和获得水平速度的关键技术动作（图 2-6）。

（2）技术难点

在双腿支撑起转和左腿单腿支撑旋转阶段，要适当加大转动半径以增加转动惯量，在这个阶段，要做好身体重心移动，左肩伸展转动，右腿转动，右腿弧形摆动，右腿摆动时大腿高度不宜过高，左腿保持 150°左右的弯曲。

3. 腾空旋转

腾空技术是旋转技术中最为复杂的技术环节，旋转技术与最后用力技术是否有效的衔接，腾空旋转与衔接技术是关键。

由于左腿支撑转动阶段动作合理，决定了腾空时间短、重心起伏小的正确技术，这是当代铁饼技术特点之一。联邦德国专家提供的数据：世界优秀运动员腾空时间仅占完整动作时间的 4.2%左右。在极短腾空时间内，左腿要积极向右腿靠拢，减小下肢转动半径，增加下肢转动角速度，为完成髋轴超越肩轴和右脚着地不停顿转动，以及左腿积极后摆落地创造条件。

（1）动作要领

这阶段的动作主要是左踝、左膝的蹬伸，因为左脚要横穿整个投掷圈，完成这个穿越动作所用的时间越短，躯干就扭得越紧，在投掷前右肩的肌肉也就拉得越紧，这一技术是承上启下的重要技术环节；这一技术完成得好，有利于减少转动速度的损耗、提高旋转速度的利用率，能够为最后用力做充分的准备。右脚以前脚掌落于投掷圈中心附近，脚尖应指向投掷反方向偏左 45°左右，投掷臂指向投掷方向略偏左。身体重心大部分落在弯曲的右腿上，微收腹，上体前倾。髋轴超越肩轴，左臂伸展扣紧，左肩大约于右膝上方，躯干形成扭转状态，持饼臂伸展放松与肩轴形成拉引角。右脚落地后，在保持上述身体位置不变的情况下，右腿积极地屈膝转动，同时左脚靠近地面快速摆动落地。右脚、右膝积极转动，脚尖指向投掷方向偏约 45°时，左脚快速落地。由于上下肢的积极转动，使髋轴进一步超越肩轴，形成腰、肩、臂、铁饼再度扭转拉紧，从而使下肢转动的作用力开始作用于器械上（图 2-7）。

图 2-7　腾空旋转与衔接技术

(2) 技术难点

衔接技术好坏的关键取决于运动员在旋转中右腿积极工作，左脚主动快落，做好进入最后用力后的衔接支撑。左脚落地的一刹间，整个下肢要形成大半蹲的扭紧姿势，微收腹和大幅度扭转拉紧状态。这时从运动员投掷方向的右侧观察，应能看到运动员身后的铁饼。

4. 衔接双脚落地支撑

这是衔接旋转和最后用力承上启下的关键技术环节。

(1) 动作要领

图 2-8　右腿单支撑旋转示意图

身体重心落在弯曲的右腿上，左肩大约位于右膝的上方；髋轴超越肩轴，两轴转成“十”字扭转，持饼臂伸展放松与肩轴形成拉引角；上体微收腹；右脚着地瞬间脚尖指向投掷反方向偏左约 45°，持饼臂指向投掷方向偏右约 45°；右腿基本保持固定弯曲支撑情况下（100°～110°）积极转动，左脚快速摆向落点（图 2-8）。

(2) 技术难点

这一阶段是最后用力阶段前的过渡阶段，最为考验的是运动员右腿的支撑能力，以及投掷臂的“留饼”能力。在这一阶段运动员的持饼技术能力将直接影响最后用力阶段的好坏，因此需重点加强此阶段运动员支撑腿的力量及肩部灵活性练习。

5. 最后用力初始加速阶段

最后用力初始加速阶段，也就是最后用力前良好加速的有效准备过程。这也是铁饼技术中直接决定投掷效果的关键，好的最后用力技术可以有效衔接运动员前几个技术阶段，并转化成最终的能量释放。

（1）动作要领

从左脚着地至铁饼运行到最低点是最后用力的前半部分，称为最后用力的初始加速阶段。此阶段要充分发挥腿、腰转动用力的能力，在左脚牢固支撑的情况下，右腿、右髋积极转动用力，利用躯干的用力转动带动投掷臂，投掷臂不急于主动加速，跟随腰的转动加速。同时，左臂适时地向投掷方向有力摆动，使胸部肌肉形成预先适宜的拉长，为随后以胸带动投掷臂加速用力做好充分准备（图 2–9）。

图 2–9　最后用力加速阶段示意图

（2）技术难点

在这一阶段，铁饼由最高点运行到最低点，投掷臂由指向投掷方向，到指向投掷方向偏左 45°左右（这一阶段的扭紧非常有效，为最后用力创造良好的条件）。因此，要特别控制好上体的转动，不应前引或上拉，以左侧为支撑轴有力转动，从而获得较大的转动半径，使铁饼沿着较大弧线加速运行，这样有利于加大最后用力的工作距离。

6. 最后用力的最后加速阶段

最后用力加速的技术是完整技术中的关键环节，是取得优异成绩的关键技术环节。这是使铁饼最后加速的关键技术阶段，要求用力幅度大、用力顺序正确、衔接紧密，持续加速效果好，达到最大出手速度和适宜角度。

（1）动作要领

从投掷臂指向投掷反方向，铁饼运行到低点（约与髋同高）到铁饼出手

（与肩同高），是最后用力的最后加速阶段。在下肢和躯干持续转动用力的基础上，通过左腿支撑用力和左腿、左臂及时制动配合，右侧胸带臂急骤加速用力"鞭打"出手，出手点的高度约与肩同高，出手角度在35°~37°为宜。

最后用力两脚站位的距离应适当，以有利于水平方向用力加速的距离为基本条件，不宜强调统一标准距离。因此，两脚的距离应取决于运动员的身高、腿长、腿部力量、技术水平和技术类型。一般优秀男运动员开立0.8米左右，女运动员在0.6米左右。

最后用力开始时，身体重心靠近弯曲的右腿，处于较低的位置。用力过程中，身体重心由靠近右腿处逐渐转动推向左腿支撑，充分发挥下肢及腰部力量，加大转动向前用力的距离。

从左脚落地到器械出手，左侧支撑必须稳固。左侧支撑用力，是指从左脚、左腿到左肩、左臂，整个身体左侧的工作过程。在最后用力过程中，起到积极的支撑制动、用力和转动轴的作用，使人体重心与铁饼重心的连线达到最长。

（2）技术难点

最后用力是投掷铁饼的最后加速阶段，它对出手速度的贡献最大，其任务是在旋转加速的基础上，再给铁饼加速，以最快的出手速度和适宜的投掷角度将铁饼投出，这是决定投掷远度的技术关键。优秀铁饼运动员最后用力是在0.2秒左右的时间内，完成大幅度的转动和向前动作。各用力环节既要有先后顺序，又要相互衔接，才能连续地增强作用于器械的速度力量，使器械获得大幅度持续加速的程度，达到最快的出手速度。

（二）掷铁饼技术特征及练习方法

旋转是掷铁饼完整技术的初始加速阶段，优秀运动员通过旋转使铁饼超出原地10~12米，从而获得10~12米/秒的初速度，加上最后用力加速阶段，使铁饼达到26米/秒左右的出手速度，旋转与最后用力对出手速度的贡献率分别为45%和55%（数据来自苏联田径教科书）。这就提示我们，旋转是为最后用力服务的：①通过旋转为最后用力积累人体转动的动能，使铁饼产生一定的预先速度；②通过旋转为最后用力形成大幅加速用力的身体结构。两者兼顾，形成最佳组合。

1. 掷铁饼技术特征

（1）旋转节奏特征

节奏是指速度变化的规律。掷铁饼完整动作节奏的总体规律是由慢而快，逐渐加速，由于技术方法和动作结构特点，铁饼运行速度的变化不能完全达到逐渐加速的要求。例如，腾空动作必然使铁饼速度有所下降。

合理技术的标志之一就是适当地减少腾空时间，相应地缩短腾空阶段铁饼运行路线的长度，以减少腾空阶段速度的消耗，力求最大限度地减少铁饼运行速度的下降。

减少速度下降的另一个重要技术环节是做好衔接技术，国外资料有的叫过渡阶段，即腾空以后右脚着地单腿支撑转动阶段。它衔接着旋转动作的结束和最后用力动作的开始，起到承下启上的关键作用，优秀运动员在这个阶段用时 0. 16~0. 24 秒。衔接技术的主要任务是在保证身体结构稳定和右脚着地转动到位时前提下，缩短单腿支撑转动的时间和相应缩短该阶段铁饼运行路线时长度，尽快进入最后用力，以加大双腿支撑最后用力阶段铁饼加速的距离。

（2）“超越器械”技术特征

掷铁饼技术中，超越器械是指在旋转过程中特别是旋转到最后用力之前，由于下肢的积极转动，形成髋轴领先于肩轴、肩轴领先于投掷臂，铁饼远远留在身后的扭转拉紧状态。同时作用力为加大最后用力的工作距离。为最后用力能按照正确的用力顺序发挥全身最大力量创造了良好的条件。优秀运动员最后用力前一刹那，铁饼处在 4~6 点钟方向（图 2-10）。

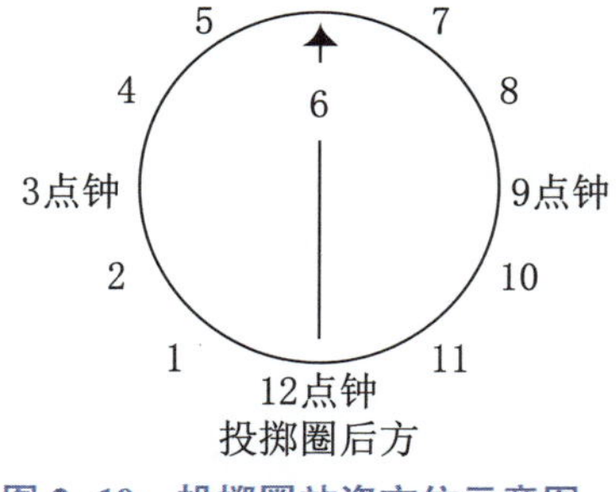

图 2-10　投掷圈站姿方位示意图

（3）支撑投技术特征

①开始姿势

支撑投技术与跳投技术在开始姿势上没有区别。面向与投掷方向呈 180°的方向，双脚与肩同宽。双脚支撑起转至第一个左脚单支撑的阶段，换脚技术与不换脚技术的第一个显著差别出现在右脚离开投掷圈的第一个单脚支撑时。值得注意的是，在摆动旋转之后由移动转入投掷的开始阶段，身体重心转移至左脚，上半身旋转，双膝分开，收紧大腿内侧。右腿在延迟之后提起（延迟右腿提起的时间）。

当右腿提离投掷圈时，或多或少向上摆，并在左侧身体继续向左旋转的过程中留在身后。旋转左侧身体，拉开与右腿的距离，以便尽量拉伸身体，延迟右腿动作。将右腿抬至与地面平行时弯曲右膝。当身体获得足够张力后，快速摆动右腿，像踢足球似的踢腿，并首次面向投掷方向。开始面向投掷方向时踢直右腿，然后在空中上抬、屈腿，在空中旋转右脚。这个旋转动作让右腿在落地前形成扭转，而空中阶段上半身的扭转与换脚技术特点相似。无论是作为运动员还是教练员，自己完成动作或观察学生完成动作，从摆腿到出手，动作的重点始终是右腿。右腿带动其他动作。事实上，其他动作都依赖右腿动作的完成。一旦右脚着地，右膝稍屈，便开始旋转。完成此动作时，身体重心落在右脚上，身体必须保持平衡。

②最后用力

当左脚落地时，用右脚掌旋转，使左脚跟落在右脚前端的右侧。上半身与下半身形成最大扭转的时刻即右脚落地之时。右膝内侧旋转加上被称为臀转的右脚旋转，带动了躯干、肩，最后是展开的手臂进行旋转、抡臂投掷。左脚稍早落地，右臂位于3点钟方向（图2-10）。右腿和右臂以左腿为轴旋转带动投掷出手，左腿则牢牢扣住投掷圈地面。旋转右肩至胸部对着投掷方向，继续旋转超过此点。此时，手臂的肌肉和肌腱充分拉伸，手臂向前摆，完成动作。在出手前、出手过程中以及出手后，左脚始终；牢牢扣在投掷圈前端；右脚也应与地面接触，脚跟抬起，脚趾轻触地面（图2-11）。

图2-11　最后用力示意图

（4）左侧支撑技术特征

有效的左侧制动支撑能够将加速度最大限度地转化为投掷速度，在铁饼出手角度一定时，投掷成绩的好坏主要取决于手中铁饼出手时的初始速度，而初始速度的大小完全取决于加速度和最后用力两个关键因素。优秀运动员的身体和投掷物体将会获得的最大速度一般为 7~8 米/秒，而通过最后身体用力，对所投掷物体做功，身体的速度降为 3 米/秒以下，而所投掷物体将获得速度高达 35 米/秒。由此可见，通过最后用力可将加速度转移到投掷物上，成为投掷速度。

有效的左侧制动支撑能够将人体投掷物体后的旋转速度适当地转化为投掷速度。运动员通过最后对投掷物体做功用力，将旋转速度适当转移到投掷物体上，从而使铁饼获得较大的初始速度。从生物力学角度分析，当右脚落地后，身体开始向投掷方向转动，左脚及时快速地落于身体重心前面，起到强有力的制动支撑，这样既阻止了人体下肢由于惯性继续向前的运动，又可利用惯性原理进行有力的投掷，以提高投掷速度。

2. 掷铁饼技术练习方法

（1）支撑投技术练习方法

当身体向左侧倾斜并向投掷方向旋转时，后抬右腿至与地面平行的位置。屈腿、拖带并悬摆右腿，为大腿肌肉做好拉伸的准备。从悬摆位开始向投掷圈中心用力蹬踢右腿，积蓄动能。蹬踢动作使右腿伸直，位于 11~9 点钟方向（见图 2-10）。从蹬踢开始至投掷出手，重点应放在带动投掷动作的右脚、右腿和右臂上。左脚牢牢扣住地面，在铁饼飞出之前不要抬起。

（2）换脚技术的练习方法

①高抬右腿，屈膝（稍稍延迟）。

②面向投掷方向时，向右侧方向踢直右腿。

③落地前，在空中转动右腿/右脚（内扣动作）。掌握本练习的最佳方法就是静态练习，一步一步完成。在基本步骤掌握之后，再将其运用到动态练习中。

④站立，右腿弯曲，左脚踩在投掷圈中部，脚尖指向 11 点钟或 12 点钟

方向。

⑤将左脚向后摆放，与右脚成直线并指向投掷方向（即6点钟方向）。左脚只有脚趾点地。

⑥高抬持饼手臂，指向5~6点钟方向（高点）。

⑦左臂越过胸前，左手指向5~6点钟方向。这个位置与投掷出手时的位置接近。屈身，扭转身体，铁饼高抬。一般投掷时，左脚不会比较早落下。在本练习中，将左脚落下。

(3) 铁饼投掷技术的脚步节奏练习方法

此动作的节奏是一个时间相对较长的摆腿，跟着两个快速的“嗒”“嗒”。从开始姿势起，当右腿开始摆腿时，早早抬高右腿至中等高度，在左侧大腿上方摆左臂。动作至此阶段，重点应放在右腿的摆动上。抬腿至中等高度，从投掷圈后端开始旋转，在1~11点钟方向伸直，此时为摆。第一个“嗒”是右脚的落地，第二个“嗒”是左脚落地。这个动作的重点是右腿有节奏地摆动随后右脚快速落地，再紧跟着左脚的落地。

(4) 铁饼由低点到高点的练习方法

本练习的设计目的是掌握铁饼由低点到高点的正确移动轨迹。轨迹成斜线，非环形移动。在投掷圈后端站立，左脚与投掷方向呈垂直状，右脚站在投掷圈外，脚尖指向1点钟方向。右臂后侧持饼。屈左腿，以左脚为轴旋转。此时，在低点处摆铁饼，然后沿斜线向上，这是一个从11点钟方向至7点钟方向（在5点钟方向时停留在高点）的直线轨迹，此为投掷中铁饼的高点。

(5) 南非练习法

本练习是一个完整的投掷练习，通常我们在空地完成，而非投掷圈内。当然在投掷圈内进行练习也可以。右脚与投掷方向呈垂直站立，将铁饼在身体右侧轻轻地前后摆动。身体配合铁饼摆动，铁饼向前摆，然后向后摆，接着抬左腿，同右腿一起向前带动身体。铁饼从后下摆动，绕着身体向上。放下左腿，同时带动铁饼逆时针方向向前转，抬起右腿，以左侧身体为轴宽幅摆动，同时起跳，向前提起左脚，带动身体向投掷方向移动。此时铁饼处于高点。右脚着地，脚尖指向11~12点钟方向，身体保持平衡。铁饼应在身后高点，而左臂则短暂地绕过前胸。左脚与右脚站成一条直线，左脚脚趾直对着右脚的脚跟。开始展开身体，宽幅摆动左臂，远离身体躯干，同时以右脚为轴旋转。投掷出手时应该干脆利落，与前面的动作自然衔接。以合适的角度和高度将铁饼投掷出手。本练习结束时，身体向右侧或投掷方向尽量展开，而身体保持平衡。

（6）左侧支撑的练习方法

左脚迅速落地做支撑对获得理想的超越器械姿势有着较大的作用，左右交叉步结束，右脚紧跟着地后，在保持身体微微向后倾斜的同时而右腿主动跟上的条件下，促使左腿尽可能伸直，左脚及时迅速着地，以发挥有力的制动支撑。左腿的制动支撑对于有效控制左右脚交叉步过程中所获得的身体被迫向投掷反方向或侧向倾斜的超越器械的姿势起着重要作用，并使有关身体肌肉拉伸和压紧，促使肌肉始终处于良好的工作状态。如果左腿不能及时落地，再加上动作缓慢，就会导致身体重心迅速移过身体有效支撑点，使处于工作状态的肌肉过早松弛，不能做出有效的超越器械姿势，达不到理想的作用效果。

（三）掷铁饼技术的常见错误、产生原因与纠正方法

1. 旋转技术

（1）进入旋转不能形成身体左侧旋转轴并倒向投掷方向

①产生原因

a. 进入旋转时身体重心没有充分移到左腿上；b. 左脚和左膝没有充分外转引导身体进入旋转。

②纠正方法

左臂尽量向身体前方和左侧伸展画大弧线，帮助身体重心充分转移到左腿上；左脚尖和左膝在转动过程中的位置始终领先于左臂和左肩；反复进行重心压在左腿上旋转一周或一周以上的练习。

（2）旋转过程中身体不向前运动

①产生原因

a. 开始旋转没有形成身体左侧旋转轴；b. 加入旋转左腿后蹬和右腿向前转扣力量不足。

②纠正方法

开始旋转时左手触摸身体左侧尽量远处的标志。在身后右脚踝关节系橡皮带，原地扶肋木做进入旋转动作练习，加强下肢动作力量。进入旋转后右脚落在前方的标志上，逐步前移标志。

（3）旋转后左脚落地位置过于偏左或偏右

①产生原因

左脚落地时间偏早或偏晚。双腿动作配合不协调。

②纠正方法

在投掷圈或地面标出正确的双脚落地位置，练习中双脚踩在标志上反复体会。以掷铁饼技术的步法连续快速旋转 5~8 周，反复练习加强下肢动作专门协调性。

（4）旋转后不能形成身体扭紧和超越器械

①产生原因

旋转过程中左肩没有“扣住”，身体左转甚至后仰。旋转后右脚落地后身体重心没有压在右腿上。

②纠正方法

肩扛木棍，双臂搭在上面进行背向旋转模仿练习。双手扶栏杆反复做进入旋转和双脚落地动作，动作结束时重心充分压在右腿上。

2. 最后用力技术

(1) 只用投掷臂投饼

①产生原因

a. 身体环节用力顺序不正确；b. 下肢、腰背部力量不足。

②纠正方法

a. 建立正确的最后用力技术概念；b. 采用用力顺序与技术要求相近的素质练习（如立定跳远、后抛铅球和抓举）加强力量。

(2) 用力过程中上体前倾或臀部后坐

①产生原因

a. 右腿和右髋的发力动作积极主动性不够；b. 身体左侧支撑不稳固；c. 左腿和左髋在制动支撑动作中蹬伸过早，造成向后的分力过大。

②纠正方法

a. 通过持小竹条鞭打、拉固定物或拉橡皮带练习，反复体会右腿和右髋的发力动作；b. 模仿练习，体会左腿和左髋制动支撑动作与投掷臂鞭打出手动作的适宜配合时机。

(3) 出手动作中身体左倒

①产生原因

a. 出手动作中左腿、左髋、左肩制动支撑动作无力，左脚向外侧转动；b. 头部向左后方向转动。

②纠正方法

a. 左脚放在立柱旁做最后用力徒手模仿，完成动作时将左肩和左臂绕到立柱前面；b. 左脚踩在砖或低台阶上，完成动作时蹬上高处，并以固定的左脚支撑体重；c. 铁饼出手后将视线盯住铁饼片刻。

三、铁饼运动员身体和专项素质训练手段

李维宾　朱俊芳

身体素质和专项素质是提升投掷铁饼项目运动员运动成绩的重要基础。身体素质也可概括为基础体能训练，包括铁饼运动员的基本身体形态、身体成分和身体机能指标；专项素质或称为专项体能，与专项运动能力密切相关。因此，铁饼项目身体素质与专项素质训练手段设计的合理性、针对性决定了铁饼运动员的运动成绩和表现。

（一）铁饼运动员的身体素质及训练手段

1. 铁饼运动员的身体素质

（1）青少年铁饼运动员身体条件

青少年铁饼运动员身体形态及素质发展重点如表 2-1 所示。

表 2-1　青少年铁饼运动员身体形态及素质发展重点

年龄	身体形态		素质发展重点
	男	女	
14～15 岁	身高 182～188 厘米 指距 188～194 厘米 体重 80～90 千克	身高 175～180 厘米 指距 181～186 厘米 体重 75～85 千克	①根据素质发展敏感期的特点，优先发展速度、力量、爆发力、灵敏性、协调性和柔韧性 ②学习跑、跳、投多项动作技能 ③徒手和用轻器械学习掷铁饼的基础技术，培养专项动作意识

续表

<table>
<tr><th rowspan="2">年龄</th><th colspan="2">身体形态</th><th rowspan="2">素质发展重点</th></tr>
<tr><th>男</th><th>女</th></tr>
<tr><td>16~17岁</td><td>身高 190~195 厘米
指距 200~215 厘米
体重 95~105 千克</td><td>身高 182~188 厘米
指距 188~194 厘米
体重 85~95 千克</td><td>①发展专项身体素质，突出发展速度力量和专项力量
②掌握掷铁饼的完整技术，特别是技术的连贯性，初步确定适合自己的技术类型</td></tr>
</table>

（2）身体成分

投掷项目因其项目特点，需要增加自身体重获得最后用力阶段的自身制动控制力，从而增强和加快器械出手速度。体重增加主要表现在肌肉质量与体脂率增加两方面，但过高的体脂率则会影响身体整体灵活性，降低旋转技术发挥的稳定性与协调性。现代铁饼运动员主流增重训练主要以减脂增肌训练为主。

2. 身体素质训练常用手段

（1）关节灵活性与柔韧性

关节灵活性是身体灵活关节所达到的运动范围（ROM）。根据旋转掷铁饼技术特点，铁饼运动员需要肩关节、胸椎、髋关节与踝关节的灵活性。柔韧性是指肌肉被拉长的长度，肌肉长度的变化会影响力量产生的效果。但对于体重过大的铁饼运动员来说，应避免关节过度灵活和过度柔韧。灵活性训练主要围绕灵活关节展开，主要以肌肉拉伸为主。提升关节灵活性和柔韧性有利于提升动作完成质量，最大限度降低受伤风险。

（2）抗自重力量训练

对于铁饼运动员抗自重训练手段主要采用标准 45°俯卧撑与原地蹲跳起等训练。抗自重力量训练可以提升铁饼运动员小肌肉群力量和神经肌肉控制能力，帮助建立正确的基础用力模式，并帮助运动员在使用大负荷器械训练时降低受伤风险。

（3）基础力量训练

基础力量的最佳训练方式为器械力量训练，负荷强度经常被安排在最大力量的60%~85%，这个区间可以最大限度实现基础力量的建立。使用时机为冬训前期。器械力量训练手段主要包括推、拉、蹲等动作，如卧推、卧拉、深蹲、1/4深蹲、硬拉等训练手段。

（4）最大力量训练

将最大力量的85%~100%定义为器械训练的最大力量训练区，这也是投掷运动员在力量增进阶段经常采用的负荷强度区间，不断增加铁饼运动员最大力量水平对于提升其爆发力也有显著的促进效果。使用时机为冬训中后期。器械力量训练能够提升大肌肉群整体力量，但在解决左右、前后肌群力量平衡与身体稳定性方面，需要在训练方案中添加单侧力量训练内容，如单侧哑铃卧推、单侧壶铃训练、单手划船、分腿蹲等动作。

（5）器械爆发力训练

器械爆发力训练为速度跟力量训练。最常用的训练手段是1/4蹲跳、悬垂高翻、高翻、抓举、爆发抓举等。力量举训练可以提升全身爆发力，提高肌肉协调用力的能力是铁饼运动员爆发力训练的核心内容。

（6）增强式训练

增强式训练也称冲击式训练或快速伸缩复合训练，大多以自身体重训练方式为主，目的是提升神经系统支配动作的能力。训练手段包括垂直纵跳、连续跳跃栏架、跨跳、快速蹲跳、冲击式俯卧撑等。有研究表明，大量增强式训练对提升投掷专项成绩有至关重要的作用。

（7）速度训练

投掷运动员需要极强的短程冲刺能力（30~60米），这将有助于提升身体整体灵活性与协调性。冲刺速度也是爆发力的体现。

（8）灵敏训练

灵敏训练主要提升投掷运动员神经反应速度与动作速度。训练手段包括绳梯训练、视觉反应速度训练、听觉反应速度训练（听信号跑）等。

(9) 耐力训练

对于投掷运动员来说，适当的有氧训练对其促进身体恢复、提升心肌功能有积极效果。储备一定的有氧耐力后可以进行高强度间歇训练，帮助提升无氧耐力和爆发力耐力，在赛季中保持心肌工作能力。训练手段包括有氧跑、骑自行车、游泳训练等。

(10) 交叉训练

交叉训练可以帮助提升投掷运动员的训练乐趣，提高肌肉的协调能力。训练手段包括跨栏、跳高、健身操等。

(二) 铁饼专项素质训练常用手段

1. 关节灵活性练习

(1) 扶肋木转髋

目的：发展髋关节灵活性，提高旋转阶段髋关节的工作能力。
要求：肩轴与肋木平行，以髋关节为中心进行下肢的转动（图 2-12）。

图 2-12　扶肋木转髋

（2）波浪起

图 2-13　波浪起

目的：发展髋关节伸展性。

要求：踝、膝、髋关节依次伸展，髋部前顶，身体成反弓（图 2-13）。

（3）不同方式过栏架

目的：发展髋关节灵活性。

要求：躯干、肩轴保持稳定，以髋部为支点，完成栏架上的练习（图 2-14）。

图 2-14　不同方式过栏架

（4）肩关节灵活性

目的：提高肩关节的灵活性及柔韧性，有利于铁饼出手阶段的用力。

要求：各维度全面拉伸肩关节肌群（图 2-15）。

图 2-15　肩关节灵活性

2. 爆发力练习

（1）抓举

目的：发展全身力量输出功率。

要求：快速伸髋、伸膝、伸踝，向上发力，双臂伸展，将杠铃翻至头顶，下肢快速成弓步支撑（图 2-16）。

图 2-16　抓举

（2）高翻

目的：发展全身力量输出功率。

要求：快速伸髋、伸膝和伸踝发力，双臂快速向上提拉杠铃至肩部高度后迅速翻转手腕屈肘支撑，躯干稳定（图 2–17）。

图 2–17　高翻

（3）悬垂高翻

目的：发展全身力量输出功率。

要求：在双腿适度下蹲后快速伸髋、伸膝和伸踝发力，双臂快速向上提拉杠铃至肩部高度后迅速翻转手腕屈肘支撑，躯干稳定（图 2–18）。

图 2–18　悬垂高翻

（4）后抛实心球

目的：发展全身及核心部位快速力量。

要求：下肢稳固支撑后髋部迅速伸展，双臂向上伸展经头部向后方抛出实心球，保证大幅发力距离及动作连贯快速爆发（图 2-19）。

图 2-19　后抛实心球

（5）前抛实心球

目的：发展全身及核心部位快速力量。

要求：下肢稳固支撑后髋部迅速伸展，双臂向前伸展，经体前向前方抛出实心球，保证大幅发力距离及动作连贯快速爆发（图 2-20）。

图 2-20　前抛实心球

3. 上肢力量练习

（1）卧推

目的：发展胸部及上肢肌群，提高基础力量。

要求：收腹沉肩，肩部落在平板上，吸气下落，呼气推起，整个过程要保持挺胸收腹，不要耸肩（图 2-21）。

图 2-21　卧推

（2）单臂卧推

目的：发展胸部及上肢肌群，提高基础力量。

要求：收腹沉肩，肩部落在平板上，吸气下落，呼气推起，整个过程要保持挺胸收腹，躯干不要发生旋转（图 2-22）。

图 2-22　单臂卧推

（3）俯卧撑

目的：发展胸部及上肢肌群，提高基础力量。

要求：双手自然弯曲，身体下探，目视前方，背部与臀部始终保持在同一水平线上（图 2-23）。

图 2-23　俯卧撑

（4）卧拉

目的： 发展肩背部及上肢肌群，提高基础力量。

要求： 身体成俯卧位，收缩背部肌肉，手肘弯曲，将杠铃向上提起至胸前（图 2–24）。

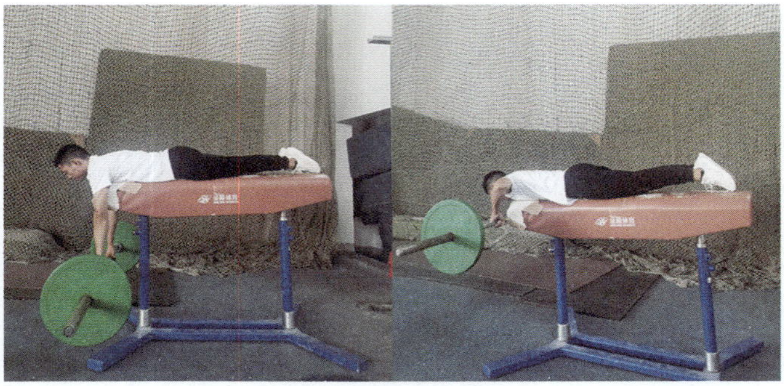

图 2–24　卧拉

（5）仰卧扩胸

目的： 提高胸部及上肢肌群力量，模仿专项出手姿势。

要求： 身体呈仰卧位，收腹沉肩，肩部落在平板上，手臂和身体呈“T”字形，吸气下落，夹胸起时呼气（图 2–25）。

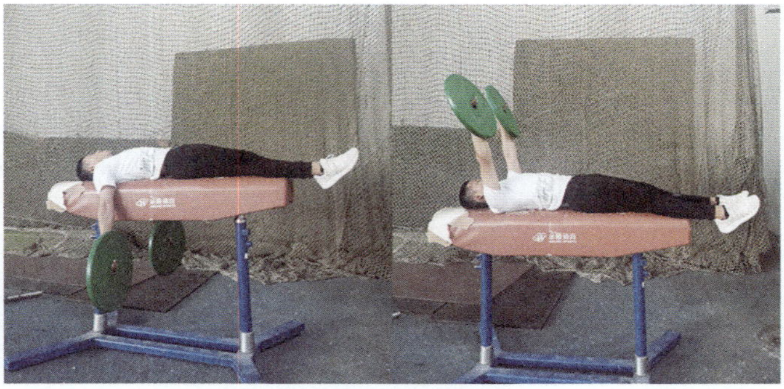

图 2–25　仰卧扩胸

4. 下肢力量练习

（1）深蹲

目的：强化下肢肌群，提高基础力量。

要求：膝关节方向与脚尖方向一致，下蹲幅度至大腿与地面平行，躯干平直稳定，且与小腿平行（图 2-26）。

图 2-26 深蹲

（2）半蹲

目的：强化下肢肌群，发展运动过程中的肌肉发力角度的力量。

要求：膝关节方向与脚尖方向一致，下蹲幅度至大腿与地面平行，夹角为135°左右，躯干平直稳定，且与小腿平行（图 2-27）。

图 2-27 半蹲

(3) 单腿蹲

目的：发展臀大肌及股四头肌，以及单腿支撑的稳定性。

要求：躯干保持正直，双脚的宽度与髋部相同，弯曲膝关节和髋部，向上方发力蹲起（图 2-28）。

图 2-28　单腿蹲

（三）身体和专项素质训练手段的训练原则

1. 力量训练与专项投掷能力相结合

通过力量的训练手段可增加运动员肌肉的横断面，使肌肉纤维变粗，有助于加强肌肉收缩力量。力量衔接专项投掷训练，可以把绝对力量转化为专项力量，提高肌肉快速收缩能力。如抓举+深蹲+卧推+原地投 2 千克球+旋转投 1.5 千克铁饼。

2. 专项投掷训练与技术训练有效结合

影响铁饼投掷成绩的因素有许多，最主要的因素是器械出手时的速度和出手角度，所以在技术训练中一定要围绕这个中心展开。运用完整的旋转投掷技术投掷重于标准器械的方式来提高专项投掷能力，使运动员的技术本体感受得到进一步提高，从而更好地促进标准器械的投掷。如原地投 1.5 千克铁饼+旋转投 1.25 千克铁饼+旋转投 1 千克铁饼。

3. 技术训练与专项速度训练有效结合

从当今世界铁饼技术发展趋势看，高重心、大幅度、快节奏的最后用力模式被广泛采用。本着速度力量是核心、动作速度为灵魂的技术感觉，优秀运动员更重视专项速度训练与技术训练的完美结合。专项训练中尽可能在短时间内发挥出最大的冲击量，在训练负荷中增加速度性的专门力量练习，并运用神经-肌肉系统产生的高速收缩，克服阻力练习，增加专项爆发力的训练，与铁饼技术融会贯通。如负重转髋练习+完整技术投掷+前后抛铅球练习等。

4. 技术辅助训练与技术训练有效结合

旋转技术分为预摆、旋转、最后用力和出手后平衡。技术的辅助训练由分解到完整，由单一动作串联为整体动作，铁饼运动技术性较强，掌握旋转技术的每个阶段的核心动作及最后用力的衔接过程，是每个优秀运动员必须经历的。通过技术辅助练习可以更直观地体会旋转过程中身体的每一个“点”，使旋转动作熟能生巧，并起到纠正错误动作的重要作用。如撤步投掷+侧向转投掷+完整技术投掷等。

四、掷铁饼技术辅助练习

肖艳玲　杨俊伟

铁饼的技术辅助练习是铁饼技术形成的重要训练手段，没有铁饼技术辅助练习，青少年业余运动员很难掌握铁饼技术。

投掷铁饼运动员健壮、高大、有力、臂长、爆发力好、柔韧性好，在技术动作上要求严格，需要一些技术辅助练习来支撑，才能练好技术动作。

（一）铁饼技术辅助练习的手段和方法

对于初学者来说，训练要以跑、跳为主，同时加强耐力训练，用跑的训练来改善和提高初学者的体能，用踢足球、打篮球等练习脚下的灵活性和身体的协调性；用 30 米、60 米、100 米跑来练习运动员的下肢速度；用立定跳、立定二级跳、立定三级跳、立定五级跳、立定十级跳等来练习运动员的脚下快速反应和协调用力。

用单足交叉跳、单足跳、半蹲跳、蛙跳、半蹲提踵，加强脚、踝快速反应和快速力量。脚踝关节的快速反应力量关系到铁饼技术的快速旋转和快速脚下用力，使动作达到一定的技术要求，给铁饼投出好成绩提供了条件。所以加强、突出脚踝训练是练好技术动作的关键，也是初学者训练的关键一步。

突出腰髋训练是初学者的重要训练内容。俗话说练功不练腰，到老艺不高，腰髋训练是所有运动项目的重点，对于业余青少年运动员来说更是如此，腰髋训练可以说是铁饼辅助练习最重要的一个环节。

有些业余体校训练条件坚苦，因而只能用一些简单的方法来训练腰髋力量，如通过后抛、前抛等练习来加强顶髋甩腰力量和快速顶髋动作；用负重转腰、腰回环、负重弯腰起、负重杠铃顶髋甩腰、手持杠铃片等做平转顶髋甩片练习，以加强腰髋力量和腰髋的协调用力；用橡皮筋做侧身转髋交叉跑来练习髋关节的协调性和连贯性……这些练习都是铁饼辅助技术训练，其中用橡皮筋做顶髋甩腰练习，能够加大超越器械的做功距离，提高最后鞭打速度，是铁饼技术辅助练习的重要手段。

加强初学者肩关节的训练。初学者的肩关节很硬，需要多拉多压、多绕臂、多振臂，以提高肩关节的柔韧性和协调性。同时，用持片、挥摆、站扩、卧扩等来加强技术动作的幅度，使铁饼在预摆和旋转过程中，手臂能充分展开，达到更长的超越器械和器械的做功距离。用 2.5 公斤或 5 公斤杠铃片做挥摆练习，以提高出手速度，厘清上下肢用力顺序，同时提高手臂持饼的力量和平衡力量。这些都需要肩关节的力量和柔韧性，有了这些铁饼辅助技术训练条件，才能完成技术训练。

（二）动作练习

1. 肩关节练习

（1）振臂、绕臂

目的：提高肩关节的柔韧性和协调性。

要求：持饼上举要充分，身体保持正直（图 2-29）。

图 2-29 振臂、绕臂

(2) 持杠铃片做站扩胸、卧扩胸

目的：提高肩关节的柔韧性和持饼的平衡力量。

要求：前举饼和侧举饼要端到水平位置，平卧持饼时腰腹收紧（图 2-30）。

图 2-30 持杠铃片做站扩胸

2. 腰髋练习

(1) 负重转腰

目的：加强下肢快速用力，形成最后的顶髋甩腰动作。

要求：肩负杠铃杆，双手抓住杠铃杆，左脚固定，右脚转蹬；右脚固定，左脚转蹬，下肢髋关节保持不动，肩关节带动上体旋转（图 2-31）。

图 2-31　负重转腰

（2）弹力带顶髋练习

目的：加强上下肢躯干扭紧，控制上肢过早打开，突出下肢、腰、髋快速用力。

要求：顶髋时动作要快，形成下肢髋先转再转上体的动作模式（图 2-32）。

图 2-32　弹力带顶髋练习

（3）持杠铃片转髋练习

目的：体会下肢蹬转、甩腰用力。

要求：双手持杠铃片，转蹬侧身甩腰，转腰时核心肌群收紧，动作幅度要大（图 2-33）。

图 2-33　持杠铃片转髋练习

(4) 持铁饼原地挥摆练习

目的：加强下肢快速转蹬。

要求：左脚固定，右脚快速转蹬，顶髋甩腰，做最后挥摆鞭打动作。下肢蹬转速度要快，上肢留饼动作要明显突出，挥摆出饼动作要快（图 2-34）。

图 2-34　持铁饼原地挥摆练习

3. 旋转动作练习

(1) 徒手连续旋转练习

目的：提高旋转速度和连贯性，加大铁饼旋转动作的幅度。

要求：双臂充分伸展，髋带动肩转动，10 个一组，做 6 组（图 2-35）。

图 2-35　徒手连续旋转练习

（2）肩上持枪练习

目的： 保持旋转过程中身体平稳，加大铁饼动作的幅度。

要求： 双肩扛长木棍，双手伸直、展开，手臂搭在木棍上，两手抓住木棍，固定在肩上，做旋转模仿练习，身体四肢充分伸展、动作幅度大、自然连贯，10 个一组，做 6 组（图 2-36）。

图 2-36　肩上持枪练习

4. 踝关节练习

（1）单足跳练习

目的： 加强铁饼运动员脚下快速反应力量，有利于铁饼运动员的最后用力跳投，同时保持身体平衡。

要求： 身体保持住平衡，异侧腿抬起不落地，单足交叉跳，10 个一组，做 6 组（图 2-37）。

图 2-37　单足跳练习

（2）连续跳台阶练习

目的： 加强踝关节的力量训练。

要求： 双臂摆动带动身体，注意双腿屈膝、蹬地，连续跳台阶，10 个一组，做 6 组（图 2-38）。

图 2-38　连续跳台阶练习

（3）负重跳练习

目的： 加强踝关节力量。

要求： 先转髋带动身体负重侧身转髋跳 180°，扛杠铃杆，双手展开，双手抓住杠铃杆，两腿半蹲，负重侧身跳起顶髋（图 2-39）。

图 2-39　负重跳练习

（4）360°转身跳练习

目的：提高运动员的旋转能力，同时加强踝关节的快速反应力量。

要求：双腿蹬地起跳，头和臂带动躯体旋转，10 个一组，做 6 组（图 2-40）。

图 2-40　360°转身跳练习

（图片拍摄：张建；动作示范：董加伟、温梓笛）

附录　优秀运动员技术图谱

甄文华　董加伟

李艳凤支撑换步投技术（侧视图）

李艳凤支撑换步投技术（后视图）

苏欣悦支撑投技术（侧视图）

苏欣悦支撑投技术（后视图）